누구나 쉽게 이해할 수 있는

국가안보학

남기봉

도서출판 **진 영 사**

누구나 쉽게 이해할 수 있는

국가안보학

남기봉

2011년 8월 28일 초판 인쇄
2011년 8월 30일 초판 발행
2018년 8월 28일 초판2쇄 인쇄
2018년 8월 30일 초판2쇄 발행
2020년 2월 7일 초판3쇄 발행

발행인 박 진 영
발행처 도서출판 진영사
인천광역시 부평구 갈산동 185번지 풍진빌딩 303호
전화 : 032)505-4207
팩스 : 032)505-4206
E-mail : 0183734207@hanmail.net
등록 : 122-91-77317

ISBN 978-89-6541-050-8 93390
값 12,000원

머리말

국가는 인류역사의 시작과 함께 존재하였다고 할 수 있으며, 인류가 공동사회를 이루고 살게 되면서부터 공동체 이익을 위해 조직과 질서를 만들었으며 이러한 조직이 점차 커지며 국가로 발전하게 되었다. 인간은 국가로부터 안전을 보장 받는 조건으로 국가가 주어진 의무를 수행한다. 국가안보란 국가가 자국의 영토와 국민의 생명, 재산을 국내 · 외 위협으로부터 보호하는 것으로서, 안보가 튼튼할 때 국민들이 행복한 삶을 영위할 수 있으며 한반도의 평화와 안정이 가능할 것이다. 우리는 1950년 한국전쟁을 경험하면서 국가안보의 중요성을 누구보다 깊이 인식하였고, 1910년 일제의 강제병합으로 36년 동안 수많은 고통과 슬픔을 겪으면서 국가안보야 말로 최우선 국가정책과제가 되어야 한다는데 인식을 같이하고 있다. 1991년 소련이 해체되고 냉전이 종식되면서 유럽 지역 국가들은 병력과 장비를 대폭 축소하고 있으나 남북한과 주변 국가는 핵무기를 비롯한 미사일 등 대량살상무기 개발과 군비증강을 계속하고 있다. 더욱이 북한은 한반도 적화통일을 위한 전략을 포기하지 않고 있으며 강릉무장공비침투, 천안함 격침, 연평도 도발 등 크고 작은 도발을 자행하고 있으나, 국민들의 안보의식이 나날이 해이해져 가는 현실이 매우 안타까운 일이다. 안보는 국가의 생존을 보장하는 산소이며 국민의 생명과 재산을 지키는 보험료라고 할 수 있다. 그런데 우리는 평소 산소의 고마움을 느끼지 못하듯이 안보의 고마움을 느끼지 못하고 살아가고 있다.

경제는 "잘사느냐 못사느냐"하는 문제에 그치지만, 국가안보는 "사느냐 죽느냐" 하는 생존이 달린 문제로서, 국가안보를 튼튼히 하여야 위태롭지 않다.

따라서 우리는 국가안보의 중요성을 깨달아 개별국가들이 국가안보를 어떠한 방법으로 추구하는지 알 수 있어야 하며, 세계 · 동북아 · 한반도 안보환경을 파악하고 군비통제, 국가통일정책, 한미동맹에 대하여 이해함으로서 국가를 반석위에 올려놓을 수 있을 것이다.

본서는 크게 2부분으로 나누어서 구성하였다. 제1부는 국가와 국가안보에 대하여 이해를 할 수 있도록 하였고 제2부는 국가 안전보장을 위한 방법을 제시하였다. 본서는 누구나 이해하기 쉽도록 핵심적인 내용을 요약하여 정리하였으므로 이 책을 읽고 안보에 대한 기본소양을 넓히는데 도움이 되었으면 한다.

2011년 8월
연구실에서
저자 남기봉

목 차

제1부 국가와 국가안보, 국가이익

제2부 안보정세 및 국가안전보장방법

제1부 국가와 국가안보, 국가이익

제1장 국가의 개념

제1절 국가의 정의

국가는 인류 역사와 함께 존재해 왔다고 할 수 있다. 인류는 공동사회를 이루고 살면서 공동체 이익을 위하여 조직과 질서를 만들었으며, 이러한 조직이 점차 커지면서 국가로 발전을 하게 되었다. 국가는 고대 그리스의 폴리스(Polis)라는 도시국가가 역사상 가장 먼저라고 학자들은 말하고 있다. 국가라는 글자도 영어에서는 state, 이탈리아어에서는 stato로 사용되고 있다. 이러한 단어들은 르네상스시대에 사용된 라틴어의 stato(선다)라는 말에서 유래되어 status(지위, 신분)라는 의미로 전환된 후, 오늘날에는 state(국가)라는 의미로 변화되어 사용하고 있다.[1)]

국가란 무엇인가에 대한 정의는 학자들마다 다양하다.

구 분	국가의 정의
Max Weber (독일 사회학자)	국가는 독점적 강압력, 통일적 권위, 그리고 제반 법률적·행정적 장치를 기초로 일정한 영토와 그 영토내의 주민을 배타적으로 지배하는 정치적 조직 혹은 공동체이다.
Poggi (미국)	국가는 통치를 위한 제도적 장치의 복합체이며, 통치는 공직자들의 계속적이고 규제된 행동을 통하여 수행되고, 국가는 영토적으로 한정된 사회에 대한 통치업무를 전담한다.

1) 이극찬, 「정치학」, 서울 법문사, 2008. p.653~662

Aristoteles (그리스)	국가란 정치적인 동물이라는 인간성에 의하여 결정된 불가피한 공동사회에서 완전한 생활, 즉 행복하고도 명예로운 자족생활을 위해 인간의 능력을 최대한 발휘할 수 있는 생활 형성체이다.
국제법	국가란 일정영토 내에 거주하는 국민에 대하여 이를 지배하는 정부조직을 가지는 법적주체이다.
국어사전	국가란 일정영토를 가지고 거기에서 살아가는 삶들에 대하여 통치권을 행사하는 단체이며, 국민·영토·주권의 3가지 요소로 구성된다고 되어있다.

이상의 학자들 견해와 국제법, 국어사전에도 나와 있는 문구들을 종합해보면 국가란 “국가를 구성하는 영토 내에서 생활하는 인간과 인간집단이 외부 위협으로부터 방어하고, 내부 치안을 확보하여 일정한 목적을 달성하기 위해 정부라는 조직을 가지는 국민 단체”라고 정의할 수 있다.[2)]

그러므로 국가는 국가의 구성요소인 국민과 영토, 주권을 지키기 위한 통치권의 주체가 되며, 대내·외적 위협으로부터 자신을 보호하여 국민의 생명과 재산을 보호하고 국민의 자유와 복지를 증진시킬 수 있어야 한다.

제 2 절 국가의 구성요소

1. 영토

국가 구성의 3대 요소는 영토, 국민, 주권이다.

영토는 국제법과 국제조약에 따라 국가통치권이 배타적·독립적으로 행사할 수 있는 구역으로 국민의 독립 존재를 유지할 수 있는 생활 기지를 말한다. 영토는

2) 정인흥 외, 「정치학 대사전」, 서울 박영사, 2005. p.172

광의적 의미로서 토지, 지하, 수상, 수중, 해저지하, 공중 등이 포함되고, 협의적 의미로는 국가영역의 기본이 되는 지상 및 지하를 의미한다.

우리나라 헌법 제3조는 "대한민국의 영토는 한반도와 그 부속도서로 한다" 고 명시되어 있다. 이 조항은 우리나라 영역의 한계를 규정한 것이면서 동시에 한반도 문제와 관련하여 중대한 의미를 내포하고 있다. 국제법상의 원칙에 따르면 한 나라의 영역은 그 나라의 국가권력이 미치는 공간적 범위에 한정되어야 한다. 그런데 대한민국의 국가권력은 휴전선 이북 지역에는 미치지 못하고 있는 것이 현실이다. 그럼에도 우리 헌법에 이렇게 규정되어 있는 것은, 대한민국의 영역은 우리 민족이 대대로 누려온 삶의 터전을 기초로 하고 있음을 의미하며, 대한민국이 민족사의 명맥을 이어 받아 그 영토를 정했음을 의미한다. 또한 건국 당시 유엔에서 승인한 한반도의 유일한 합법정부는 대한민국뿐이라는 사실을 의미한다.

한반도의 국토면적은 남한 약 9.9만㎢와 북한 약 12.3만㎢를 합하여 총 22만여 ㎢이며, 3만2천여 개의 섬(남한지역)으로 구성되어 있다. 이는 세계에서 84번째의 크기로, 면적만 가지고 본다면 한반도는 그리 크지 않다. (남한 면적은 세계 108위)

영토는 국제법상 매매·교환·증여의 대상이 될 수 있다. 미국이 1803년 프랑스령 루이지애나 지역을 1,500만 불에, 그리고 1867년에는 러시아령 알래스카 지역을 720만 불에 구입한 것이 매매의 사례이다. 또한 이스라엘과 팔레스타인은 지역의 평화를 위해 영토 교환을 추진하고 있고, 키르기스스탄과 카자흐스탄도 영토 교환을 추진하고 있다. 구소련이 1954년 러시아-우크라이나 합병 300주년을 기념하여 크림반도를 우크라이나에 양도한 것은 증여의 사례에 속한다.

근대 국가 등장 이후 국가는 분리와 통합의 과정을 거치면서 대부분 국경이 확정되었으나 아직도 국경 분쟁이 끊이지 않은 지역도 많다. 인도와 파키스탄 사이의 캐시미르 지역, 한국과 일본 사이의 독도, 한국과 중국 사이의 이어도, 일본과 러시아 사이의 북방 4개 도서, 일본과 중국 사이의 띠야오 위 따오(酌魚島), 중국, 대만, 베트남, 말레이시아, 필리핀, 브루나이가 영유권을 주장하는 남사군도, 그리고 중국, 대만, 베트남 사이의 서사군도 영유권 주장 등이 그 대표적인 아시아의 영토 분쟁 사례들이다.

애매한 국경은 서로가 영유권을 주장하기 때문에 최악의 경우에는 그 해결을 군사력에 의존해야 한다. 영유권 분쟁 지역이 자원이 많으면 많을수록, 그리고 그

전략적 가치가 높으면 높을수록 평화적 방법에 의한 해결을 더욱 어려워진다.

중국은 한국땅 「이어도」를 자기영토라고 주장하고 있다. 이어도는 제주 마라도에서 149km(80해리), 중국 퉁다오 섬에서 247km(133해리) 떨어진 곳에 있는 수중 암초로써 수면 4.6m 아래에 잠겨 있다. 한국은 2003년도 이어도에 종합해양과학 기지를 건설했다. 중국이 자기영토라고 주장하는 이유는 배타적 경제수역(EEZ)인 200해리 안쪽에 이어도가 포함되어 있다는 것이다. 배타적 경제수역이란 "유엔 해양법이 각 국의 연안에서 200해리(370km)까지 거리에 있는 모든 자원에 대해 독점적인 권리를 인정하는 수역"으로써 양국가간 거리가 400해리(740km)가 되지 않을 경우, 당사국이 별도의 협상을 통해 EEZ를 확정하도록 되어있다.

일본은 한국땅 「독도」를 자기영토라고 주장하고 있다. 독도는 울릉도에서 89km(48해리), 일본 오키제도에서 152km(82해리) 떨어진 곳에 있는 섬으로써 신라시대 때부터 우리나라 땅이다. 일본은 1905년 독도를 일본 영토라고 선언하고 오키제도 소관으로 둔다고 공시했다. 그리고 중·고등학교 교과서에 죽도를 다케시마로 명시하였다. 일본이 자기 영토라고 주장하는 근거는 ① 근세 초기 이래 독도는 일본 영토였고 영토 편입 직전까지 오랫동안 일본이 실효적 점령을 했으며, ② 영토 편입 당시 독도는 주인 없는 돌섬이었으므로 무주물선점을 한 것이라는 두 가지 논리로 집약할 수 있다.

그러나 독도는 한국의 영토이며, 그 근거는 다음과 같다.

첫째, 지정학적 근거로서 한국 영토인 울릉도에서 독도까지 거리는 48해리인데, 일본 오키제도에서는 이 거리의 약 2배인 82해리가 된다. 따라서 독도는 지정학적으로 가까운 한국 영토에 포함되는 것이다.

둘째, 역사적 근거로서 ① 독도는 신라시대에 울릉도와 더불어 우산국을 형성하였으며, 우산국은 신라 지증왕 13년(512년) 신라에 귀순하여 왔다. 그 이후 계속 고려와 조선을 거쳐 현재까지도 한국의 관리에 있으며, ② 일본이 1905년 시마네현 고시 40호 행정조치를 취한 것은 독도가 일본의 고유 영토가 아님을 증명한 것이다.

셋째, 일본은 제2차 세계대전의 결과를 마무리하기 위해 연합국과 일본 사이에 맺어진 대일평화조약(Treaty of Peace with Japan)에 실려 있는 제2조에 일본은 한국의 독립을 인정하고 제주도, 거문고 그리고 울릉도를 포함하는 "한국에 대한 모든 권리, 영유권과 청구권을 포기한다." 의 세 섬에 대한 해석에 있어서 한국과 일본은 큰 의견을 차이를 보이고 있다.

일본은 명기된 세 섬에서 독도가 빠졌다고 주장하고 있으나, 대일평화 조약에 3개 섬은 중요한 섬으로 제시하여 언급된 것이며, 또한 울릉도에 딸린 독도는 당연히 한국의 영토에 포함된 것이다.

특히 1951년 6월 6일 공포된 일본 총리부령 24호에는 일본 땅에 속하지 않는 도서는 울릉도 · 독도 · 제주도라고 확실히 명시하고 있다. 이것은 일본이 1905년 시네마현이 독도를 편입한 지 방고시보다 높은 일본정부차원의 공식적인 한국 령임을 시인한 것이다.

2. 국민

대한민국의 국적을 취득한 사람은 민족과 종족, 문화와 종교에 관계없이 대한민국의 국민이다. 이러한 국민은 국민주권의 원리에 입각한 대한민국에 있어서 헌법상의 지위를 갖게 되며, 어떠한 이유에서건 차별대우를 받지 않는다. 우리는 국민개념과 관련하여 열린 자세를 가질 필요가 있다. 즉 세계화 · 정보화가 빠르게 진전되면서 외국인이 귀화하여 우리나라의 국민이 되거나, 우리 국민 또는 민족이 이민을 가서 다른 나라의 국적과 시민권을 취득하는 경우가 있기 때문이다. 따라서 우리 국토에 살고 있는 혈족이나 동포만 생각하는 데서 한걸음 더 나아가, 대한민국 국적을 취득한 외국 출신을 포함하여 국민의식과 국민정신을 공유하고 있는 사람까지 생각할 필요가 있다.

한편, 역사적으로 우리 민족과 오늘날 대한민국 국민은 세계 어떤 나라의 국민들보다도 우수하다. 높은 교육열과 문화수준, 고도의 인적 자원, 근면성 등이 있었기에 자원이 빈약한 나라임에도 불구하고, 세계인으로부터 존경받을 정도로 놀라운 발전을 할 수 있었다.

3. 주권

우리나라 헌법에 있어서 주권과 통치권의 관계에 관한 규정은 헌법 제1조 제2항에 있다. "대한민국의 주권은 국민에게 있으며, 모든 권력은 국민으로부터 나온다." 라고 할 때, '주권' 의 본래의 의미는 국가의사를 전반적 · 최종적으로 결정할 수 있는 최고권력, 즉 헌법 제정권력을 의미한다. 그리고 '모든 권력' 은 국민의 선거와 투표에 의하여 위임받고 국민이 선택한 헌법에 연원하는 권력, 즉 통치권을 의미한다. 우리나라에 있어서 모든 국가권력은 그것이 주권이든 통칙권이든 상관없이 국민으로부터 나온다는 사실은 의심의 여지가 없다.

또한 주권은 다른 나라에 대하여 하나의 독립된 나라임을 나타낸다. 우리나라는 역사적으로 주권을 빼앗겼던 경험이 있다. 일제 강점기 35년간 우리 조상들은 주권을 잃고 노예와 같은 삶을 살아야 했다. 주권을 잃으면 모든 것을 잃게 되는 것이다.

또한 주권은 내적주권과 외적주권으로 구분한다. 내적주권이란 국가의 대내적인 업무와 국가 내에 있는 최고 권력의 소재를 지칭하며, 외적주권은 국제질서에서 국가의 위치와 다른 국가와의 관계에서 국가의 독립성을 지칭한다.[3] 따라서 우리는 스스로 대한민국 국민으로 태어난 것을 자랑스럽게 생각하면서 대한민국의 구성원이자 주인으로서의 의식을 바탕으로 일류 선진 국가를 만들어나가야겠다.

제 3 절 국가의 형태와 기능

1. 국가의 형태

국가의 형태는 국가의 전체적 성격 내지 국가의 기본질서가 어떤 것인가를 기준으로 구분한 국가의 유형을 말한다. 이러한 국가 형태는 크게 군주국과 공화국으로 구분할 수 있으며, 공화국도 민주적이냐 전제적이냐에 따라 구분된다. 따라서 군주국가의 국가원수는 원칙적으로 세습적이며 종신적인 군주인데 반해, 공화국의 국가원수는 선거제도에 의하여 일정한 임기로 교체된다는 점에서 두 국가형태는 구별된다.

공화국 중에서도 '민주적' 공화국은 권력의 기초로서 국민주권의 원리, 정치적 이데올로기로서의 자유민주주의, 권력구조에 있어서 분립주의, 의회주의와 법치주의에 의한 정치과정의 통제 등에 입각한 국가이다. 이에 반해 '전제적' 공화국은

---

3) 이종은, 조현수 역, 「현대정치이론」, 서울 까치사, p.133

전제주의 또는 전체주의적 이데올로기를 정치이념으로 하는 국가를 말한다.

전제주의는 국가권력이 단일의 권력담당자에 의하여 행사되고, 다른 기관에 의하여 어떤 제한도 받지 아니하는 체제를 말한다. 절대주의 · 권위주위 · 전체주의 · 독재 등은 전제주의와 유사한 개념이다. 과거 이탈리아의 파시스트와 독일의 나치스, 그리고 오늘날 북한공산집단의 유일체제 등이 그 대표적인 예이다.

2. 국가의 기능

가. 1차적 기능

국가의 1차적인 기능은 개인의 자유와 안전을 보장해 주기 위해 대외적으로 적의 침략으로부터 국민과 영토, 주권을 보호하는 국가안보적 기능과 대내적으로 국민의 생명과 재산을 보호하고 사회질서를 유지하는 치안유지 기능을 갖고 있다.

나. 2차적 기능

국가의 2차적 기능은 경제 · 사회 · 문화 등의 제 분야에서 공동복지사업을 증진시켜 국민의 삶의 질을 향상시켜 주는 것이다. 따라서 국가는 우리에게 삶의 터전을 제공해 주고, 행복의 제요소를 제공해 줄 뿐만 아니라, 각자의 이상을 실현토록 보장해 주는 것이다.

1970년대에는 자유 베트남이 패망하면서 그 곳에서 해상으로 탈출하여 바다를 유랑하는 난민들의 비극을 보았고, 1980년대 후반에는 서유럽으로 몰려든 동구권 난민들이 겪어야 했던 고난(苦難)과 수모(受侮)를 잘 보았다.

제2장 국가안보와 국가이익

제1절 국가안보(國家安保)의 개념

1. 안보(Security)의 어원

안보는 라틴어 Securus 또는 Securitas가 어원이며 여기서 Se란 「~이 없다」라는 의미이고, Cure란 「근심 또는 걱정」의 의미이다. 따라서 Securus 또는 Securitas란 「free from the care」로써 근심 또는 걱정으로부터의 자유를 말한다.

2. 국가안보(National Security)의 개념

국가안보란 국가안전보장(國家安全保障)의 줄임말로서 국가를 장애가 없도록 안전하게 보호한다는 의미를 갖는다. 육군본부 군사용어 사전에 나와 있는 국가안보의 정의는 다음과 같다.

> 군사, 비군사에 걸쳐 국내·외로부터 기인하는 다양한 위협으로부터 국가목표를 달성하는데 있어서 추구하는 제 가치를 보전, 향상시키기 위해서 정치, 외교, 사회, 문화, 경제, 과학기술에 있어서의 제 정책체계를 종합적으로 운용함으로써 기존의 위협을 효과적으로 배제하고 또한 일어날 수 있는 위협의 발생을 미연에 방지하며 나아가 발생한 불시의 사태에 적절히 대처하는 것.

전통적인 국가안보 개념은 외부의 군사적 위협으로부터 국가의 안전을 확보하는 것을 의미하였으나, 현대 국가안보 개념은 군사적 위협뿐만 아니라 비군사적 위협인 대지진과 쓰나미, 방사능 및 환경오염, 테러, 해적, 사이버 공격, 전염병(SARS, 신종플루, 구제역 등), 마약, 내부 분란 및 소요사태 등도 국가안전을 위태롭게 할 수 있다는 인식 하에 정치, 경제, 외교, 사회, 심리, 과학기술, 군사 등 국가의 제 정책분야를 종합적으로 운용하여 국가안전보장을 추구하고 있다.

제2절 국가이익

1. 국가이익의 정의

어떤 국가정책이 국가를 위하여 최선(What is best for national society)인가, 그리고 그 정책이 올바르게 수행되고 있는가 하는 기본적인 질문이 국가이익에 관한 문제이다. 이는 정책분석(Political analysis)과 정책수행(Political action)의 문제인데, 첫 번째는 외교정책의 근원과 적실성을 평가하고, 설명하고, 기술해야 하는 문제이다. 두 번째는 정책을 정당화하거나 비판하면서 그것을 제안하는 것이다.

이렇게 국가이익은 외교정책을 객관적으로 평가하고 분석하는 기준이 됨과 동시에 그 자체가 국가이념이나 이상과 같은 주관적 개념이기 때문에 설명하고 이해하기가 쉽지 않게 되는 것이다.

국가이익(National interests)에 대한 학자들의 정의를 살펴보면 다양하다.

학 자	국가이익의 정의
Morgenthau (모겐소)	국가이익을 경시한 국가는 국가를 위기로 빠져들게 할 수 있다고 주장하면서, 국가의 생존이 최소한의 국가이익이다.
Beard (비어드)	국가가 유지되고 부강해질 수 있는 기준과 방식이다.

Osgood (오스구드)	한나라의 최고 정책결정과정을 통하여 표현되는 국민의 정치적 · 경제적 · 사회적 · 문화적 · 군사적 욕구의 갈망이다.
Hertz (허쯔)	국가의 존립과 발전을 위해 필요한 국민의 열망 3대요소로서, 국가안전보장, 국가복지번영보장, 국가위신보장을 말하였다.

이상의 내용들을 종합해 볼 때 국가이익이란 "국민의 영속적인 염원인 국가목적을 추구하고, 국가가 처한 현실 상황 속에서 국가 목표를 달성하기 위하여 국력을 집중하고 노력하는데 있어서의 가치기준"이라고 정의할 수 있다. 청와대에서 편찬한 "평화번영과 국가안보" 라는 책에 나와 있는 한국의 국가 이익 내용을 보면 다음과 같다.

- **국가이익**
- · 국민의 안전보장, 영토의 보전, 주권의 수호를 통해 독립국가로 생존
- · 국가의 경제발전과 복리 증진
- · 자유민주주의와 인권신장
- · 조국의 평화적 통일 달성
- · 세계평화와 인류 공영에 기여 등이 포함되어 있다.

2. 국가이익의 유형

국가이익에 대한 유형은 긴급정도와 중요도에 따라 구분 다음과 같이 구분할 수 있다.[4]

가. 사활적 이익

사활적 이익(Vital Interests)이란 국가의 존립에 직접적인 위협으로 치명적 손실을 가져올 사안들에 대한 이익이다.

4) 조영갑, 2009, 「국가안보학」, 선학사, p.56~57

국가의 생존과 안전, 존속 등과 같이 광범위하며, 중요성에서도 최우선시 되는 이익으로서 자국영토와 동맹국가 영토의 물리적 안보 · 국민의 안전 · 경제적 번영 · 주요기간 시설보호 등이 이에 해당한다.

이러한 사활적 국가이익을 지키기 위해서는 필요시 군사력을 독단적으로 과감히 사용할 수 있는 것이다.

나. 중요한 이익

중요한 이익(Important Interests)이란 국가가 방지책을 사용하지 않는다면 심각한 장해가 예상되는 사안들이다. 국가생존에 치명적인 영향을 주지는 않으나 국가의 안녕과 세계의 성격에 영향을 주는 이익으로서 부분적인 갈등과 분쟁조정 · 난민문제 해결 · 환경보호 등의 노력이 포함된다. 이러한 중요한 국가이익을 지키기 위해서는 국가이익과 균형을 이루는 정도까지 군사적 · 비군사적 방법으로 참여하고 지원하게 된다.

다. 인도주의적 이익

인도주의적 이익(Humanitarian Interests)이란 자국의 가치가 요구되기 때문에 행동해야 할 이익으로서, 자연재해와 인재에 대한 대응 · 인권침해에 대한 대응 · 민주화에서 군사력에 대한 민간통제 지원 · 인도주의적 원조 · 지속적인 개발 증진 등이 된다. 이러한 인도주의적 국가이익을 지키기 위해서는 외교적 노력으로 해결하고 필요시 극히 제한적인 군사력을 지원하게 된다.

라. 지엽적 이익

지엽적 이익(Peripheral Interests)이란 국가적으로 급박하지 않을 뿐만 아니라 아주 적은 손해가 예상되는 기타 사안들이 된다. 따라서 앞의 3가지 국가 이익에 비하여 학문, 예술, 대중문화, 체육, 국민들의 애국심 등의 분야에서 성과를 말한다.

요컨대 국가이익은 이상적이고 영속적인 국가이념인 국가목적을 추구하고, 현실적이고 장기적인 국가목표의 달성과 국가정책 및 국가전략의 실천적 노력에 가치기준이 되는 것이다.

제2부 안보정세 및 국가안전보장방법

제3장 안 보 정 세

제1절 세계 안보정세[5]

1. 안보위협의 변화

오늘날 안보위협의 변화의 특징은 전통적인 군사적 위협 외에 초국가적·비군사적 위협이 증대되면서 위협 양상이 복잡하고 다양해졌다는 점이다. 대량살상무기(WMD) 확산, 테러, 해적, 사이버 공격 등 초국가적 위협이 증대되고 전염성 질병, 자연 재해, 지구 온난화, 환경 오염 등 비군사적 위협도 주요 안보현안으로 부상하고 있다.

구 분	주요위협	위 협 내 용
과 거	군사적 위협	• 대규모 전쟁 : 제 1, 2차 세계대전 • 소규모/국지전 : 영토·자원·종교·인종 분쟁
현 재	군사적 위협	상 동(上 同)
	초국가적 위협	• 대량살상무기 확산 : 핵무기, 생화학무기, 탄도미사일 • 테러, 해적, 사이버 공격
	비군사적 위협	• 전염병 : SARS(중증급성호흡기 증후군), 신종플루, 조류독감 • 자연재해 : 쓰나미, 대지진, 원자력발전소 폭발 • 지구 온난화 • 환경 오염

5) 「2010 국방백서」, 대한민국 국방부, 2010, p.8~29

탈냉전 이후 대규모 전쟁 가능성은 감소되었으나 세계 도처에서는 영토·자원 분쟁, 종교·인종 갈등, 분리·독립 운동과 같은 복합적인 요인에 의한 다양한 형태의 국지분쟁이 지속되고 있다. 중동에서는 2006년 8월 이스라엘-레바논 전쟁이 종전되었으나 분쟁의 불씨는 그대로 남아 있다. 이스라엘과 팔레스타인 사이의 분쟁은 국제사회의 중재 노력에도 불구하고 양국의 입장 차이로 난항을 겪고 있다. 이라크에서는 테러가 빈발하는 등 정세 불안이 지속되고 있다. 유럽에서는 2008년 8월 남오세티야와 압하지야의 분리독립 문제를 둘러싸고 러시아와 그루지야 사이에 전쟁이 발발하였다. 양국 간 전쟁은 유럽연합의 중재로 조기에 종식되었으나, 갈등은 지속되고 있다. 아프리카 지역에서는 수단, 소말리아, 차드 등지에서 분쟁이 지속되고 있다.

핵·생물·화학무기 등 대량살상무기와 그 운반 수단인 탄도미사일의 확산 문제는 오늘날 세계 안보를 위협하는 주요 요인이다. 특히 일부 국가들이 핵무기와 장거리미사일 개발에 박차를 가하고 있고, 국제 암거래 등을 통해 관련 부품과 자재를 쉽게 획득할 수 있다는 점에서 안보위협이 고조되고 있다. 탄저균, 사린가스와 같은 물질도 생산 비용이 저렴하고 제조가 용이하여 테러 조직이 쉽게 확보할 수 있을 것으로 우려된다.

9·11사태 이후 테러는 세계 안보환경의 주요한 위협으로 작용하고 있다. 국제테러 조직은 세계화와 정보화의 진전과 더불어 핵무기와 같은 공격 수단을 보유할 가능성이 높아졌다. 이들은 정규군과는 달리 다양한 국적의 조직원들로 구성된 분산형 네트워크 조직을 갖추고 있어 효율적으로 대처하기가 매우 어렵다. 특히 테러 단체들은 고정된 지역을 기반으로 하지 않고 보호해야 할 국민도 없다. 따라서 이들 테러 단체들이 핵 기술을 획득할 경우 핵을 사용할 가능성이 커질 수 있어, 국제사회의 주요한 안보현안으로 대두되고 있다.

해적행위로 인해 해상교통로 안전 확보 문제도 주요 안보현안이 되고 있다. 국제해사국 통계에 따르면 2009년 한 해 동안 전 세계적으로 총 406건의 해적행위가 집계되었으며, 이는 2008년 발생 건수 293건에 비해 39%나 급증한 것이다. 이 중 소말리아 해역에서 발생한 해적 행위는 217건으로 전체 건수의 53%를 차지하고 있다.

정보통신기술의 발달에 따라 사이버 공간에서의 해킹과 테러 등이 날로 심화되고 있어 각국은 대책 마련에 부심하고 있다. 이러한 사이버 공격은 개인과 기업에 국한하지 않고 국가도 대상으로 하고 있어 국가안보 차원에서의 대응이 요구된다.

전 세계에서 발생하고 있는 중증급성호흡기증후군(SARS), 신종플루와 같은 전염성 질병과 일본, 아이티, 칠레 등에서의 대규모 자연 재해도 국제사회가 공동으로 대응해야 할 새로운 안보위협으로 부상하고 있다.

에너지 자원을 둘러싼 국가 간 경쟁도 국제질서의 새로운 변수로 등장하고 있다. 강대국들이 중동은 물론 중앙아시아, 남미, 아프리카, 카스피해 등지에서 새로운 에너지원을 찾아 각축을 벌이고 있어 해당 지역 정세의 유동성이 증대되고 있다.

2. 평화와 안정을 위한 국제사회의 노력

국제사회의 안보위협이 복잡 다양해짐에 따라 그 대응도 과거와 다른 방식이 요구되고 있다. 초국가적·비군사적 성격의 위협에 대한 대응은 한 국가만으로는 한계가 있어 동맹국과 우호국을 비롯한 국제사회와의 협력이 필수적이다. 또한 군사적 수단 위주의 대응보다는 외교·사법·정보·경제 등 비군사적 수단을 포함한 종합적인 대응이 절실하다. 9·11테러를 자행한 단체가 국제적 네트워크를 가진 테러 집단으로 밝혀지면서, 테러 예방과 대량살상무기 확산 방지를 위해 전 세계적 차원의 공조가 중요하다는 인식이 형성되었다. 이에 따라 국가 간 정보 교환, 자금 동결, 수사 협조, 테러 분자 색출 및 인도 등에 관한 국제 협력이 강화되는 추세이다.

대량살상무기 확산 방지를 위한 국제적 활동은 국제협약과 국제기구를 통해 추진되고 있다. 국제협약은 「핵확산금지조약(NPT)」, 「화학무기금지협약(CWC)」, 「생물무기금지협약(BWC)」, 「헤이그미사일행동지침(HCOC)」 등이 있고, 국제기구로는 국제원자력기구(IAEA) 등이 있다. 미국은 '대량살상무기 확산방지구상(PSI)'을 활용해 국제테러와 연계될 수 있는 WMD 확산을 방지하기 위한 활동을 확대하고 있다. 우리 정부는 2009년 5월 PSI에 정식 참여하였으며, 현재 98개국이 참여하고 있다.

국제사회는 대량살상무기 확산 방지와 더불어 핵무기 감축을 위한 노력도 병행하고 있다. 미국과 러시아는 2009년 12월 종료된 「전략무기감축협정(START-Ⅰ)」의 후속 협정으로 2010년 8월 「신전략무기감축협정(New START)」을 체결하였다. 또한 2010년 4월 미국 워싱턴에서 핵 테러에 대처하기 위한 국제적 관리체제를 구축하기 위해 47개국이 참여한 가운데 '핵안보정상회의'가 최초로 개최되었다. 이 회의에서 47개국 정상들은 총 12개항으로 구성된 공동성명을 채택하였고, 우리나라가 2012년 제2차 핵안보정상회의 개최국으로 선정되었다.

9·11사태 이후 미국을 비롯한 세계 각국이 '테러와의 전쟁'을 시작하였다. 현재 아프가니스탄에서 북대서양조약기구(NATO) 소속의 국제안보지원군이 아프가니스탄 군과 함께 알 카에다와 탈레반 잔당에 대한 소탕작전을 지속하고 있다. 우리 정부는 2010년 7월 아프가니스탄의 안정화와 재건에 적극 동참하기 위해 아프가니스탄 지방재건팀(PRT)을 파견하면서, 동시에 지방재건팀의 기지 방호와 활동 보호 임무 수행을 위해 오쉬노 부대를 파병하였다.

중동에서의 국지분쟁을 해결하기 위한 국제사회의 노력도 지속되고 있다. 이스라엘과 팔레스타인은 2007년 11월 미국 아나폴리스에서 개최된 '중동평화회의'를 통해 평화협정 체결에 대한 논의를 본격적으로 시작했다. 2010년 9월에도 미국의 중재로 이스라엘과 팔레스타인 양국 정상들이 워싱턴에서 분쟁의 평화적 해결 방안에 대해 협의하였다. 레바논의 치안 안정을 위해 2010년 3월 기준 29개국 1만 2천여 명의 유엔평화유지군이 주둔하고 있으며 우리 정부도 2007년 7월 동명부대를 파병하였다.

아프리카에서는 내전이 계속되고 있는 수단 다푸르 지역의 평화 정착을 위해 아프리카연합(AU)과 유엔이 중재 노력을 하고 있으나, 내전으로 인한 사회 갈등과 유혈사태는 계속되고 있다. 특히 내전이 장기화되고 있는 소말리아는 주변 해역에서 해적 행위가 빈발해 국제사회가 공동 대처에 나서고 있다. 우리 정부도 2009년 3월부터 구축함 1척과 병력 300여 명으로 구성된 청해부대를 파병해 해상교통로 확보 임무를 수행하고 있다.

2010년 1월과 3월에 아이티와 칠레 등지에서 발생한 초대형 자연 재해에 대해서도 국제사회가 공동 대응에 나서고 있다. 아이티 지진에 대한 지원은 의료품과 구호품뿐만 아니라 재건지원과 치안유지를 위한 병력 파견 등 군사적 지원 분야로까지 확대되었다. 우리 정부도 2010년 3월 단비부대를 아이티에 파병해 지진 피해 복구를 지원하고 있다.

제 2 절 동북아 안보정세

1. 안보구도

동북아는 군사적 · 경제적 강대국들이 밀집해 있는 지역으로 협력과 대립 구도가 공존하고 있다. 이러한 안보 구도에서 역내 강대국들은 주도적 지위를 확보하기 위해 상호 협력과 견제를 병행하고 있다.

미국은 아 · 태 지역에서 한국 · 일본 · 호주 등 주요 동맹국가와 유대를 강화하면서 이를 토대로 보다 효과적인 다자안보체제를 구축하기 위해 노력하고 있다. 미국은 2007년 3월 '일 · 호 안보협력 공동선언'을 계기로 같은 해 10월 최초로 미 · 일 · 호 3국 연합해상훈련을 실시한 이래 2009년 9월과 2010년 6월 총3회에 걸쳐 동일 훈련을 실시하였다. 미 · 일 · 호 3국은 2008년 4월 외교 · 국방 국장급 실무회의를 개최하는 등 군사협력관계를 더욱 강화하고 있다.

중국과 러시아도 전략적 제휴관계를 강화하고 있다. 중국과 러시아를 중심으로 결성된 상하이협력기구(SCO)는 2005년 최초로 연합훈련인 '평화사명'을 실시한 이래 2007년 8월, 2009년 7월, 2010년 9월까지 네 차례 훈련을 실시하였다. 동시에 역내 국가들은 안보 불확실성을 해소하기 위한 노력도 병행하고 있다. 특히 한 · 중 · 일 3국 정상들이 역내 안보현안을 논의할 수 있는 회의체가 정착된 것은 괄목할 만한 성과로 볼 수 있다. 1999년부터 ASEAN+3의 틀에서 개최되었던 한 · 중 · 일 3국 정상회의가 2008년 12월 별도의 대화체로서 일본에서 처음 개최되었다. 이어 2009년 10월 중국에서 2차 회의를 거쳐, 2010년 5월 우리나라에서 3차 회의가 개최되었다.

이와 더불어 역내 국가 간 군사교류도 활발하게 진행되고 있다. 특히 중국과 일본은 고위급 인사와 해군 함정이 상호 방문하는 등 군사교류의 폭을 넓혀가고 있다. 2007년 9월에 이어 2009년 12월 중국 국방부장이 일본을 방문하였으며, 2010년 2월 일본 육상자위대 막료장이 중국을 방문하였다. 2007년 11월 중국 해군 함정이 최초로 일본을 방문한 데 이어 2008년 6월 일본 해상자위대 함정이 제2차 대전 이후 최초로 중국을 방문하였다.

2. 안보현안

동북아는 북핵문제, 양안문제, 영토 분쟁 등 세계 어느 지역보다 다양한 갈등 요인들이 잠재해 있다.

안 보 현 안	주 요 내 용
북 핵 문 제	• 북한의 핵 실험(1차 : 2006년, 2차 : 2009년) • 6자회담(한국, 북한, 미국, 일본, 중국, 러시아)
북한의 도발	• NLL 부근 해전 - 제1연평해전 : 1999. 6. 15 - 제2연평해전 : 2002. 6. 29 - 대청해전 : 2009. 11. 10 • 천안함 피격 : 2010. 3. 26 • 연평도 포격 : 2010. 11. 23
양 안 문 제	• 중국과 대만 간의 분쟁 가능성
영 토 분 쟁	• 중국과 일본 : 센카쿠 열도(=조어도) • 러시아와 일본 : 쿠릴 열도(북방 4개섬) • 한국과 중국 : 이어도 • 한국과 일본 : 독도 • 중국과 대만, 베트남, 말레이시아, 필리핀, 브루나이 : 남사군도 • 중국과 대만, 베트남 : 서사군도

이외에도 해양 공간을 경제적으로 활용하기 위한 배타적 경제수역(EEZ) 설정 등 해양경계선 획정문제와 관련하여 역내 국가들이 자국에 유리한 입장을 고수하고 있어 잠재적 분쟁요인이 되고 있다.

3. 군사동향

미 · 일 · 중 · 러 등 역내 주요 국가들의 군사비가 전 세계 군사비의 절반이 넘을 정도로 동북아는 군사력이 집중된 곳이다. 미국이 군사적 우위를 유지하고 있는 가운데 중국과 일본은 경쟁적으로 해 · 공군력을 증강하고 있다. 중국이 미국과 러시아에 이어 제3의 우주국가로 부상하면서 우주 공간을 둘러싼 역내 국가들 간 경쟁도 가열되고 있다.

한반도 주변 4개국의 군사력은 다음과 같다.

미국	병력 : 약 145만 9천 명 주요무기 : 항공모함 11척, 잠수함 71척, 전투(폭)기 4,058대 국방비 : 6,903억 달러 전력증강 : MD체계 구축, 신형 전투기/함정개발 및 배치
중국	병력 : 약 228만 5천 명 주요무기 : 잠수함 65척, 전투(폭)기 1,755대 국방비 : 780억 달러 전력증강 : 신형 전략미사일, 전략핵잠수함, 우주 전력 강화
러시아	병력 : 약 102만 7천 명 주요무기 : 항공모함 1척, 잠수함 66척, 전투(폭)기 1,996대 국방비 : 411억 달러 전력증강 : 핵잠수함, 대륙간 탄도미사일, 5세대 전투기
일본	병력 : 약 22만 9천 명 주요무기 : 이지스 구축함 6척, 잠수함 16척, 헬기탑재호위함 1척, 전투기 359대 국방비 : 456억 달러 전력증강 : MD체계 구축, 신형 잠수함, 헬기탑재호위함, 공중급유기 도입

북핵문제는 동북아는 물론 세계안보에 중대한 위협이자 도전 요인이다. 북핵 문제의 평화적 해결을 위해 진행돼 온 6자회담은 2008년 12월 북핵 검증합의서 채택에 실패한 이후 교착상태에 빠졌다. 이러한 상황에서 북한은 2009년 4월 장거

리 로켓을 발사하고 5월 2차 핵 실험을 실시하는 등 핵보유 노력을 지속하고 있다. 북한의 장거리 로켓 발사에 대해 유엔 안전보장이사회가 의장성명을 채택하고, 북한이 이에 반발하며 6자회담을 전면 거부함에 따라 6자회담은 중단되었다. 이에 따라 우리나라를 비롯한 미 · 일 · 중 · 러 등 당사국들은 회담 재개를 위해 지속적으로 노력해 왔으나, 2010년 3월 북한의 어뢰 공격에 의한 천안함 피격사건이 발생하면서 더 이상 진전되지 못하였다. 더욱이 북한은 2010년 11월 우라늄 농축 설비를 공개한데 이어 서해상 연평도에 무차별 포격을 함으로써, 한반도 위기가 고조되어 북핵 문제 해결을 위한 6자회담 재개는 불투명한 상태이다.

중국과 대만 간 양안문제도 동북아의 중요한 안보 위협 요인 중 하나이다. 2008년 3월 실시된 대만 총통 선거에서 양안관계 개선을 핵심 노선으로 제시한 마잉주(馬英九) 정권이 등장하여 양안의 긴장이 완화될 수 있는 전기가 마련되었다. 마잉주 총통 취임 직후인 2008년 6월과 11월 두 차례에 걸쳐 양안회담이 개최되었다. 그 결과 7월 중국-대만 간 주말 직항 항공노선이 신설되고 12월 중국과 대만 간 3통이 전면적으로 실현되는 등 우호적 분위기가 형성되었다. 그럼에도 불구하고 양안문제와 관련한 분쟁의 가능성은 상존하고 있다.

또한 중국과 일본 간의 센카쿠 열도(=조어도) 분쟁과 중국과 대만, 베트남, 말레이시아, 필리핀, 브루나이 간의 남사군도 영토 분쟁, 중국과 대만, 베트남 간의 서사군도 영토 분쟁이 계속되고 있으며, 일본과 러시아 간의 쿠릴 열도(북방 4개섬) 반환 문제, 일본과 한국 간의 독도 영유권 분쟁, 한국과 중국 간의 이어도 분쟁 등 동북아의 안보 불안요인은 대단히 많다.

가. 미국의 군사동향

미국은 9 · 11테러, 아프가니스탄 전쟁과 이라크 전쟁에서 얻은 교훈을 바탕으로 전통적 위협과 더불어 비정규전, 테러전 등 다양한 형태의 위협에 동시 대응할 수 있는 군사력 건설을 추진하고 있다. 2010년 2월 오바마 행정부의 국방정책 구상을 밝힌 「4개년 국방검토보고서(QDR)」는 미래의 위협에 대처하는 능력뿐만 아니라 현재 수행하고 있는 전쟁에서 승리하기 위한 능력의 필요성을 적시하고 있다. 이에 따라 아프가니스탄 전쟁 등 현재 진행 중인 전쟁에 투입 · 운용하는 전력을 우선시하는 정책을 추진하고 있다.

육군은 아프가니스탄 전쟁과 이라크 전쟁에 따른 병력 부족을 해결하기 위해 병력을 증강하고 있다. 미 국방부 2007년 육군 병력 6만 5,000명을 증강하여 2012년까지 총 54만 7,000명 규모를 유지하겠다고 발표한 데 이어 2009년 7월부터 3년 동안 2만 2,000명을 늘려 총 56만 9,000명을 확보하겠다고 밝혔다.

해·공군은 아·태 지역의 전략적 중요성을 고려하여 전력을 증강하고 있다. 해군은 2008년 8월 재래식 항공모함인 키티호크함을 원자력 항공모함인 조지워싱턴함으로 대체하였고, 2010년까지 잠수함 전력의 60%를 태평양 지역에 전개한다는 계획 하에 신형 버지니아급 전략핵잠수함을 우선 배치하고 있다. 공군은 원거리 타격 능력을 신장시키면서 전력의 무인화를 추진하고 있다. 아·태 지역의 전력투사 중추기지인 괌과 하와이에 최신예 전투기, 전략수송기, 공중급유기, 무인정찰기 등을 증강배치하고 있다.

미국은 전력 증강과 더불어 동북아에 주둔한 군사력을 재배치하고 있다.

미·일 양국은 2006년 5월 합의된 '미군 재편을 위한 로드맵'에 따라 주일미군을 재편하고 있다. 주일미군은 2007년 12월 미 육군 1군단 전방사령부를 일본의 자마 기지에 창설하여 통합작전 임무 수행이 가능한 사령부로 개편하고 있다. 오키나와에 주둔하고 있는 미 해병대 병력 8,000명은 2014년까지 괌으로 전환 배치 될 예정이다.

한·미 양국은 주한미군의 안정적인 주둔 여건을 보장하기 위해 주한미군을 2개 권역으로 재배치할 것이다. 주한미군은 2008년 4월 한미 정상이 합의한 대로 2만 8,500명 규모가 유지될 예정이다. 한미 양국은 2010년 6월 정상회담에서 그 동안의 안보환경 변화를 감안, 전시작전통제권 전환 시기를 2012년 4월 17일에서 2015년 12월 1일로 조정하기로 합의하였다.

나. 일본의 군사동향

일본은 방위정책의 목표로 새로운 위협과 다양한 사태에 효과적 대응, 외부의 침략에 대비, 안보환경 개선을 위해 국제평화협력활동 등을 설정하였다. 이에 따라 자위대는 전력의 합동 운용성 강화, 정보기능 강화, 과학기술 발전에 따른 효율적 체제 구축, 우수 인적자원 확보 등을 추구하고 있다.

육상자위대는 유사시 신속한 대처능력 강화와 사태 확산 방지를 위해 2007년

3월 중앙즉응집단을 창설하였다. 국토의 좁고 긴 지형적 특성을 고려하여 탄력적인 부대 운용이 가능하도록 일부 사단과 여단을 임무 위주로 재편성하였다. 통합운용체제 하에서 지상 작전부대의 효율적 지휘를 위해 육상총대 창설을 추진 중이며 신형 전차인 TK-X를 2010년 6월 개발 완료하여 2011년 후반기에 실전배치할 예정이다.

해상자위대는 다양한 사태에 즉각적이고 지속적으로 대응할 수 있는 체제를 구축하고 있다. 2008년 3월 호위함대를 4개의 호위대군으로 재편하고, 각 지방대 소속의 호위대를 호위대군 예하로 지휘체계를 일원화하였다. 2009년 3월 1만 3,500톤급 헬기탑재호위함을 전력화하였고, 2번 함을 2011년 3월 전력화할 예정이다. 이어서 3, 4번 함을 19,500톤급으로 대형화하여 총4척을 보유할 계획이다. 잠수함 부대도 6개에서 4개 부대로 재편하였다. P-1 해상초계기는 자 체 개발하여 노후된 P-3C 대잠초계기를 대체할 것이다.

항공자위대는 7개 항공단 체제를 유지하고 있다. 전투기 수량을 감축하면서 전투력 저하를 방지하기 위해 차기 전투기 사업(FX)을 추진하고 F-15와 F-2 전투기의 성능 개량 작업을 병행하고 있다. 원거리 도서에 대한 위협에 능동적으로 대응하고 자위대의 국제평화협력활동을 지원하기 위해 2009년 3월 항공급유 수송부대를 신설하고 공중급유기(KC-767) 4대를 도입하여 2010년 4월부터 운용하고 있다. 아울러 노후된 C-1 수송기를 대체할 차기 수송기(XC-2)를 개발 중이다.

일본은 정보 수집 능력을 확보하기 위해 2007년 2월 정보위성 4기 체제를 완성하고 2008년 5월 「우주기본법」을 제정함으로써 향후 우주의 군사적 이용과 고성능 정찰위성 개발의 근거를 마련하였다.

북한의 탄도미사일 위협에 대비하기 위한 미·일 공동의 미사일방어(MD)체계 구축 노력도 지속하고 있다. 2007년 3월부터 2010년 4월까지 항공자위대 방공기지와 교육부대 등 16개소에 PAC-3 요격미사일을 배치하였고, 2007년부터 2009년까지 매년 1척씩 이지스함 3척에 요격미사일(SM-3)을 장착하였으며 탄도미사일 감시와 추적을 위한 FPS-5 레이더를 설치하였다.

다. 중국의 군사동향

중국은 고도의 경제성장을 바탕으로 국방비를 지속적으로 증액하면서 군사현대화를 추진하고 있다. 중국군은 '정보화 조건하 국지전 승리' 전략을 추구하고 있다. 이 전략은 정보화 조건하에서 발생하는 국지전에 대비하여 첨단무기로 해·공군력을 강화하고, 적극방어로 승리하여 반침략·통일의 국방 목표를 달성한다는 것이다. 이를 위해 육군은 신속 대응 능력, 해군은 원거리 투사 능력, 공군은 원거리 작전 능력을 향상시키는데 주력하고 있다.

육군은 신속 대응 능력을 강화하기 위해 2007년 4월 광저우(廣州) 군구 후베이성(湖北省)에서 신형 전차투하시스템을 이용한 공정부대의 전차 공중투하 실험에 성공하였다. 2008년 1월 신형 장갑차 VN-3를 개발하였고 같은 해 공격용 헬기 Z-10을 실전배치하였다.

해군은 원거리 투사 능력 강화 목적으로 1995년부터 2007년 사이 소브레메니급 구축함(7,900t) 4척과 킬로급 잠수함(3,000t) 12척을 러시아로부터 도입하였다. 2007년 중국형 이지스급 구축함(6,500t) 2척을 작전배치하였고, 3척을 추가 건조 중이다. 2008년 사정거리가 8,000km 이상인 JL(巨浪)-Ⅱ 탄도미사일을 탑재한 신형 진(Jin)급 전략핵잠수함 2척을 추가로 전력화하였다. 중국 해군은 2012년까지 총 5척의 진급 전략핵잠수함을 실전 배치할 예정이다.

공군은 원거리 작전 능력을 강화하기 위해 자체 개발한 J-10 전투기를 2007년 작전 배치하였고, 이를 개량한 J-13과 J-14 스텔스형 전투기를 개발 중이다. 중국은 러시아로부터 Su-27/30을 비롯한 최신예 전투기를 도입하고 기술이전을 통한 면허 생산과 항공기 자체 개발에도 주력하고 있다. 조기경보기인 대형 KJ(空警)-2000 4대와 소형 KJ(空警)-200 4대를 보유하고 있다. 또한 공중급유기 18대를 보유하고 있으며, 기존 전투기의 공중급유장치를 보완하여 전투기의 작전 반경을 확대하였다.

중국은 2007년 1월 탄도미사일로 위성을 파괴하는 실험에 성공하였고 10월달 탐사위성을 발사하였다. 2010년 10월에는 두 번째 달 탐사위성을 발사하는 등 우주 개발 노력을 가속화하고 있다.

라. 러시아의 군사동향

러시아는 2008년 10월부터 미래 안보위협에 신속하게 대응할 수 있는 새로운 군을 목표로 국방개혁을 강력하게 추진하고 있다. 러시아는 2009년 5월과 2010년 2월 중·장기 국방정책의 청사진을 담은 「국가안보전략 2020」과 「군사 독트린」을 개정 발표하였다.

국방개혁은 총병력을 100만 명 수준으로 유지하고 부대를 통·폐합하여 상비군체제로 개편하는 것을 골자로 하고 있다. 군관구-작전사령부-여단의 3단계 지휘구조로 변경하고 6개의 군관구를 폐지하며 위협 방향에 따라 통합전력을 운용할 수 있도록 4개 지역사령부를 창설할 것이다.

핵 억제력 유지와 저강도 분쟁에 대한 재래식 전력의 현대화에 중점을 둔 전력 증강을 추진하고 있다. 매년 9~10%의 장비를 교체하여 2015년까지 30%, 2020년까지 70% 가량의 장비를 현대화할 예정이다.

러시아는 지상·해상·공중발사 대륙간탄도미사일을 보유하고 있다. 지상발사 대륙간탄도미사일(ICBM)로 Topol-M(SS-27)과 다탄두용 RS-24 유도탄을 배치하고 있다. 잠수함 발사 대륙간탄도미사일(SLBM)은 시네바 유도탄(SS-N-23)을 운용하면서, 개발 중인 불라바 유도탄(SS-NX-30)을 보레이급 전략핵잠수함에 장착할 계획이다.

지상군은 부대구조 개선에 맞춰 구형 장비의 현대화를 추진하고 있으며, T-90 전차·신형 장갑차·대공방어체계를 배치하고 있다. 전투부대를 사단급 부대 중심에서 여단급 부대 중심으로 개편하였으며 신속대응군을 창설하였다.

해군은 노후된 연안작전 전력의 현대화에 주력하면서 점진적으로 원양 투사능력을 향상시켜 나갈 것이다. 다목적 수상전투함·라다급 재래식 잠수함·보레이급 전략핵잠수함·야센급 핵잠수함을 건조하고 있으며, 이지스 구축함과 신형 항공모함을 건조할 예정이다. 프랑스로부터 미스트랄급 대형 상륙함의 도입도 추진하고 있다. 모스크바에 위치한 해군사령부는 상트페테르부르그로 이전될 예정이다.

공군은 장거리 정밀타격 능력을 갖추고 방공능력을 향상시키고 있다. 이를 위해 Tu-95/160 전략폭격기의 성능을 개량하면서 스텔스 전략폭격기를 개발하고 있다. Su-35 전투기와 제5세대 전투기를 작전 배치할 예정이며, S-400 지대공미사일을 모스크바 근교와 중요 지역에 배치 중이다.

러시아는 구소련 국가들을 중심으로 다자간 군사협력 체제를 강화하고 있다. 2005년 이후 상하이협력기구(SCO) 회원국과 '평화사명'이라는 대테러훈련을 실시하고 있으며, 2009년 6월 1만 명 규모의 집단안보조약기구(CSTO) 신속대응군을 창설하였다. 러시아는 사안에 따라 국제사회와 협력과 견제를 병행하고 있다. 초국가적 위협에 대해 국제적 공조체제를 유지하는 반면에 NATO의 동진정책과 미국의 동유럽 미사일방어망(MD)구축 등에 대해서는 자국에 대한 위협으로 간주하여 견제하고 있다.

제 3 절 북한정세 및 군사위협

1. 북한정세

가. 대내정세

- 3대 세습체제 조기 구축노력 강화
  - 2008년부터 김정일 건강 악화
- 식량 및 경제난 극복 노력 강화
  - 2002년 7. 1 경제개혁 조치
  - 2009년 「100일 전투」, 「150일 전투」
  - 2009년 11월 화폐개혁
- 접경지역 탈북자 증가, 주민사상 이완, 체제 불만세력 증가

북한은 주체사상과 선군사상을 내세워 사회주의 국가를 표방하는 노동당 일당독재체제이다. 1990년대 이후 사회주의의 구조적 문제, 경제난 악화, 국제적 고립 등으로 체제 불안정이 가중됨에 따라 북한 정권은 선군정치 노선을 강화하고 총역량을 결집하여 2012년 '강성대국' 건설을 꾀하고 있다. 2008년부터 김정일 국방위원장의 건강이 악화된 후 후계체제의 안정적 구축을 위해 대규모 인사와 조직 개편을 단행하여 체제를 결속하는 데 주력해 왔으며, 2010년 9월

28일 44년 만에 개최된 당대표자회를 계기로 김정은 3대 세습체제를 공식화하였다.

북한은 2002년 7·1조치 이후 사회주의 경제체제를 고수하면서 제한적인 개혁·개방 정책을 추진하였으나 경제를 회생시키지 못하였다. 더욱이 2차 핵실험과 미사일 발사에 대한 국제사회의 대북제재조치로 경제난이 더욱 가중되고 국가재정난이 심화되어 사회주의 계획경제 자체의 존속 위기에 직면하게 되었다. 이러한 위기를 극복하기 위해 2009년 시행한 '150일 전투'와 '100일 전투' 등 총동원 방식의 경제 회생 노력도 실질적인 성과를 거두지 못하였다. 북한은 2009년 11월 화폐개혁을 전격적으로 단행하였으나 급격한 물가 상승, 경제활동 위축, 민심이반 등으로 실패하여 오히려 사회적 불안을 가중시키는 결과를 초래했다.

자본주의 등 외부 사조의 유입으로 주민들의 사상이 이완되고 정권에 대한 충성도가 약화되었으며 접경 지역 탈북자가 늘어나는 등 체제 불만이 증가하고 있다. 그러나 북한 당국이 김정일 후계체제를 안정적으로 구축하기 위해 주민동원과 사상학습 강화 등의 주민 통제 조치를 강화하고 있어 체제불만 세력이 김정일 체제에 저항할 만큼 조직화되기는 어려워 보인다.

나. 대남정세

- 2000년 남북정상회담 이후 「6·15공동선언」과 2007년 「10·4선언」 이행을 계속 주장하고 있음
- 대남 강경정책 지속
  - 핵 개발, 미사일 발사, 천안함 피격, 연평도 포격 도발
- 한국 내부 국론 분열, 사이버 공격, 전파 방해 등

북한은 2000년 남북정상회담 이후 '6·15공동선언'과 '10·4선언'의 이행을 계속 주장하면서 '우리 민족끼리' 정신을 내세워 남한으로부터 경제적 실리를 취해 왔다. 그러나 이명박 정부 출범 직후부터 북한은 우리의 대북정책을 적대정책으로 간주하고 일방적으로 남북대화를 중단하는 등 대남 강경정책을 지속하였다.

북한은 2008년 초반부터 개성공단 남북경제협력협의사무소 우리 측 당국자의 일방적인 추방(2008. 3. 27), 판문점 직통전화 단절(2008. 11. 12), 군사분계선 육로 통행 차단(2008. 12. 1) 등 강경한 조치를 취하였다. 이어서 북한은 2차 핵실험을 실시했던 2009년 상반기까지 전면대결태세 선언(2009. 1. 17), 정치·군사 합의 무효화 선언(2009. 1. 30), 서울 불바다 발언(2010. 6. 12) 등 대남 위협과 강경 조치를 지속하였다.

북한은 2009년 하반기에 국제사회의 대북제재로 인한 경제난을 해소하고 고립을 탈피하기 위해 유화적 태도를 보이기도 했으나 소기의 목적을 이루지 못하자 다시 대남 강경정책으로 선회하였다. 그 결과 대청해전(2009. 11. 10), 서해 NLL 항행금지구역 설정 및 해안포 사격(2010. 1), 금강산 남측 자산 동결(2010. 4. 8) 등의 도발과 강경 조치를 자행하였다.

북한은 2010년 3월 26일 백령도 서남방 약 2.5km의 우리 영해에서 초계작전 중이던 천안함을 어뢰로 공격하여 침몰시켰다. 우리 해군장병 46명이 전사한 이 도발로 인해 한반도와 동북아의 안보 위기가 고조되었고, 7월 9일 유엔안전보장이사회는 천안함 공격을 규탄하는 의장성명을 채택하였다. 그러나 북한은 국제사회와 공조한 우리의 대북 조치에 대해 전면전, 3차 핵실험을 운운하면서 위협하였다. 11월 23일에는 연평도의 해병부대와 민간인 거주지에 무차별로 170여 발의 포격을 자행하였고, 우리 군은 K-9 자주포로 즉각 대응사격을 실시하였다. 이 도발로 해병대원 2명이 전사하고 16명이 중경상을 입었으며, 민간인 2명이 사망하고 다수의 부상자가 발생하였다. 미국, 일본, 독일, 영국, 러시아 등 많은 나라들이 민간인까지 살상한 북한의 만행을 규탄하였다.

이와 같이 북한은 전 한반도 적화통일을 목표로 우리 내부의 국론분열과 한미동맹관계의 갈등을 조장하고, 핵 개발을 포함한 대남 군사적 위협을 지속하면서 한반도의 긴장 완화와 평화 정착을 위한 군사적 신뢰 구축 노력은 보이지 않고 있다.

다. 대외정세

- 핵 카드를 이용한 벼랑 끝 전술 구사 : 북미회담, 식량지원 등
- 중국으로부터 체제 생존과 경제지원 노력
- 러시아로부터 안보 이익과 경제적 실리 획득 노력
- 아프리카, 중동, 중남미 국가와 교류협력 모색

북한은 핵을 포함한 대량살상무기를 체제 생존 수단으로 인식하고 있다. 2009년 5월 2차 핵실험에 따른 유엔의 안전보장이사회 결의안 1874호 채택과 대북제재에도 불구하고 북한은 핵 카드를 최대한 활용하여 국제사회를 대상으로 벼랑끝 전술을 구사하면서 체제 유지에 주력하고 있다. 그러나 국제사회의 경제지원 중단으로 북한의 경제난은 가중되었으며, 북핵문제 해결을 위한 6자회담은 2008년 12월 이후 중단 상태에 있다.

북한은 중국의 지원에 의존하여 체제 생존과 경제 회생의 기회를 마련하기 위해 부심하고 있다. 북한은 2009년 10월 원자바오 중국 총리의 방북, 2010년 5월과 8월 김정일 국방위원장의 방중 등을 통해 중국과의 전통적 동맹관계를 강화하고 있다. 북한은 미국에게 핵보유국 지위 인정과 미·북 양자회담을 통한 체제 보장을 동시에 요구하고 있으나, 대화와 제재를 병행하면서 북핵 폐기를 요구하는 미국의 일관된 입장에 부딪혀 소기의 성과를 거두지 못하고 있다. 러시아와는 안보상의 전략적 이익 확보와 경제적 실리 획득을 위해 상호관계를 유지하고 있다. 북한이 일본인 납치 문제에 대해 불성실한 태도로 일관하고 핵실험을 강행함에 따라 일본의 더 강화된 대북제재를 초래하게 되었다.

북한은 역내 국가들 이외에도 아프리카·중남미 등 비서방권 국가들과의 교류협력을 모색해 나가면서 유럽 국가들의 대북 투자 확대를 위한 노력도 계속하고 있다.

2. 군사위협

가. 군사전략

북한은 주체사상을 명분으로 '국방에서의 자위' 원칙을 주장하면서 군사력 증강을 지속해 왔다. 북한은 1962년 4대 군사노선을 채택한 이후 군사 우선 정책을 유지해 왔으며, 김정일이 권력을 승계한 이후에는 선군정치를 내세워 대남 우위의 군사력 유지를 최우선 과제로 삼고 있다.

북한의 기본목표는 대남 적화통일로서 김정일·김정은 체제가 유지되는 한 변화 가능성은 희박하다. 이를 구현하기 위해 북한군은 기습전, 배합전, 속전속결전을 요체로 하는 군사전략을 유지하면서 우리 군의 첨단전력과 현대전의 특성을 고려하여 다양한 전술의 변화를 모색하고 있다. 북한은 대량살상무기, 특수부대, 장사정포, 수중전력, 사이버전 능력을 포함한 비대칭 전력의 집중적인 증강과 재래식 전력의 선별적인 증강을 추구하고 있다. 특히 북한군의 비대칭 전력은 평시 국지도발은 물론 전시 핵심 공격수단으로서 우리 군에게 심각한 위협이다.

나. 군사지휘기구

북한의 최고 국방지도기관은 국방위원회로서 국가의 전반적 무력과 국방건설사업을 지도한다(북한 사회주의 헌법 제106조, 제109조). 김정일은 국방위원장과 당 중앙군사위원장, 당정치국 상무위원을 겸직하면서 총정치국, 총참모부, 인민무력부 등의 군사조직을 지휘·통제하고 있다.

김정일 국방위원장이 직접 지시를 내리는 군 조직으로는 호위사령부와 보위사령부가 있다. 호위사령부는 김정일 일가와 노동당 고위 간부의 경호, 평양 내 핵심시설 경비 임무 등을 수행하고, 보위사령부는 반(反) 김정일 세력을 단속하는 군내 비밀경찰 역할을 수행한다. 총정치국은 군의 당조직과 정치사상 사업을 관장하고, 총참모부는 군사작전을 지휘하는 군령권을 행사한다. 인민무력부는 군 관련 외교, 군수, 행정, 재정 등 군정권을 행사하면서 대외적으로 군의 대표성을 가지고 있다. 북한의 군사지휘기구도는 아래와 같다.

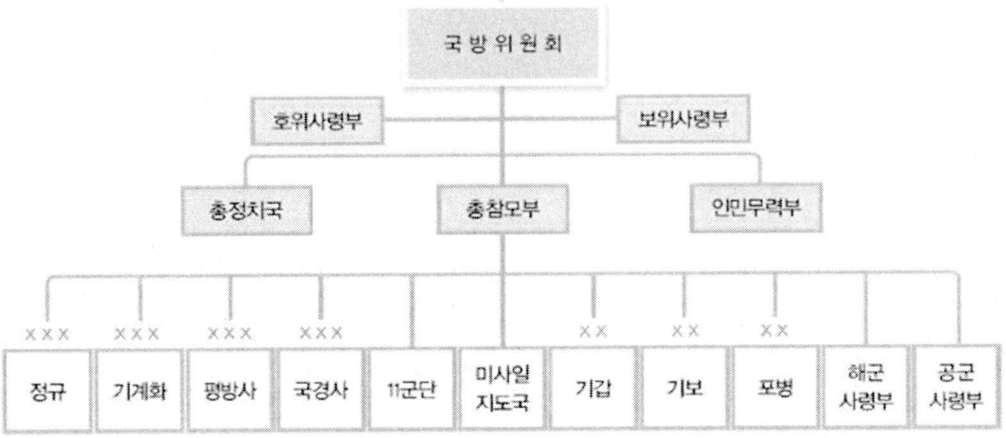

xxx : 군단, xx : 사단, 평방사 : 평양방어사령부, 국경사 : 국경경비사령부, 11군단 : 구(舊)경보교도지도국

다. 군사능력

(1) 지상군

지상군은 총참모부 예하 9개의 정규 군단, 2개의 기계화 군단, 평양방어사령부, 국경경비사령부, 11군단[구(舊)경보교도지도국], 미사일지도국 등 총 15개 군단급 부대로 편성되어 있다.

북한은 평양-원산선 이남 지역에 지상군 전력의 약70%를 배치하고 있으며, 그 일부는 북방한계선 일대에 준비된 갱도진지에서 기습공격을 감행할 태세를 갖추고 있다. 특히 170밀리 자주포와 240밀리 방사포 전력은 지속적으로 유지되고 있으며, 현재 배치된 진지에서 수도권에 대한 기습집중사격이 가능하다.

기갑 · 기계화 부대의 주축은 T-54/55 전차와 T-62 전차를 개량한 천마호 전차이며, T-72 전차를 모방한 신형 전차(폭풍호)를 개발하여 작전배치 하였다. 신형 전차(폭풍호) 배치에 따라 교체된 노후 전차는 후방부대에서 운용하고 있다. 이처럼 주요 기동부대의 기동력과 타격력을 대폭 보강하여 작전적 융통성을 증가시키고 단기 속전속결 태세를 유지하고 있다.

북한은 이미 경보병사단을 전방군단에 편성하였고 전방사단에 경보병연대를 추가 편성하는 등 특수전 능력을 지속적으로 강화하고 있다. 이들 특수전 병력은 현재 20만여 명에 달하는 것으로 평가된다. 이들은 땅굴 · AN-2기 등을 이용하여 우리의 후방 지역으로 침투 후 주요 목표 타격·요인 암살·후방 교란 등의 배합작전을 수행할 것으로 판단된다.

(2) 해군

해군은 해군사령부 예하에 2개 함대사와 13개 전대 40여 개 기지, 특수작전을 수행하는 2개의 해상저격여단으로 구성되어 있다.

북한 해군 전력의 큰 변화는 없으나, 잠수함 전력과 신형 어뢰 등의 개발이 지속되고 있는 것으로 추정된다. 해군 전력도 약 60%가 평양-원산선 이남에 전진 배치되어 있어 기습공격이 가능하나 독립된 해군작전보다는 지상군작전과 연계하여 지상군의 진출 지원과 연안 방어 등의 임무를 수행할 것이나.

수상전력은 유도탄정, 어뢰정, 소형경비정, 화력지원정으로 구성된 수상전투단 또는 단독 함정에 의한 대함공격 능력을 보유하고 있다. 그러나 대부분 소형 고속함정 위주로 구성되어 있어 기상 악화시 기동성이 약화되고 원해 작전능력이 제한된다.

수중전력은 로미오급·상어급 잠수함과 연어급 잠수정 등 70여 척으로 구성되어 있으며, 기뢰 부설, 수상함 공격, 특수전 부대의 침투지원 임무 등을 수행한다. 천안함 피격사건에서 보듯이 북한은 무기체계가 월등히 앞서는 우리 군함을 신형 어뢰로 공격하는 등 비대칭 전력에 의한 전술을 계속 발전시킬 것이다.

상륙전력은 1970년대 초반 이후 건조된 공기부양정, 고속상륙정 등 총260척과 소해정 30척으로 구성되어 있다. 해상저격여단과 해군정찰대대는 은밀히 침투하여 레이더와 해군기지 등 중요 시설을 타격하고 상륙해안의 중요 지역을 확보하여 대형 상륙함이 필요 없는 단거리 기습상륙작전을 지원할 것이다.

(3) 공군

공군은 공군사령부 예하에 4개 비행사단, 2개 전술수송여단, 2개 공군저격여단, 방공부대 등으로 구성되어 있다. 1980년 이후 도입한 항공기를 제외하면 대부분 항공기는 매우 노후되었으나, 신형 전투기 도입 등의 전력 변화는 없는 것으로 추정된다.

북한 공군은 북한 전역을 4개 권역으로 분할하여 전력을 배치하였으며, 이 중 약 40%를 평양-원산선 이남 기지에 전진 배치하여 우리의 중요 시설에 대한 기습 능력을 보유하고 있다.

북한 공군은 전쟁 초기에 기습공격을 감행하여 우리의 방공자산, 보급로, 산업 및 군사시설, 국가기반시설 등을 타격할 것이다. 특히 AN-2기와 헬기를 이용하여 아군 후방 깊숙이 특수전 부대를 침투시킬 수 있는 능력을 갖추고 있다.

북한의 방공체계는 공군사령부 예하에 항공기, 지대공미사일, 고사포, 레이더 탐지부대 등으로 통합 구성되어 있다. 북한 영공은 4개 구역으로 분할되어 있으며 1차적인 방공임무는 비행사단에 위임되어 있다. 평양 지역과 주요 군사시설 지역에는 SA-3, 휴전선 일대와 해안 지역에는 SA-2와 SA-5 지대공미사일을 다중으로 배치하였다. 전술 고사포는 지상군 기동부대를 방호하고, 전략 고사포는 주요 도시, 항만, 군수산업시설 등을 방호하기 위해 집중배치되어 있다.

지상관제요격기지, 조기경보기지 등의 레이더 운용부대는 북한 전역에 분산 배치되어 있어 한반도는 물론 중국의 일부 지역까지 탐지할 수 있다. 또한 자동화방공통제체계를 구축하여 대응시간을 단축하고 정확도를 높였다.

(4) 예비전력

예비전력은 교도부대, 노농적위대, 붉은청년근위대, 준군사부대로 구성되어 있으며, 14세부터 60세까지 전 인구의 약 30%가 전시동원 대상으로 총 770만여명에 달한다. 북한 예비전력 현황은 다음과 같다.

구 분	병 력	비 고
교도부대	60만여 명	전투동원 대상 - 남자 : 17~50세 - 여자 : 17~30세
노농적위대	570만여 명	향토 예비군 성격
붉은청년근위대	100만여 명	중학교 군사조직
준군사부대	40만여 명	호위사령부, 인민보안성 군수동원지도국, 속도전 청년돌격대
계	770만여 명	

이중 교도부대는 핵심 예비전력으로 편성과 훈련면에서 정규군에 준하는 수

준이며, 정규군의 장비 현대화로 교체되는 주요 장비들을 인수하여 전력을 보강하고 있다. 유사시 정규전 부대의 전투력을 보강할 수 있도록 평소 강도 높은 훈련을 실시하고 있다.

(5) 전략무기

전략무기를 확보하기 위해 북한은 핵, 탄도미사일, 화생무기를 지속적으로 개발하고 있다. 북한은 1960년대 영변에 핵 시설을 건설하였으며, 1970년대에는 핵 연료의 정련, 변환, 가공 기술을 집중 연구하였다. 1980년대 이후 5MWe 원자로를 가동하여 얻은 폐연료봉을 2009년까지 4회에 걸쳐 재처리하여 약 40kg의 플루토늄을 확보한 것으로 추정되며, 2006년 10월과 2009년 5월 핵실험을 실시한 바 있다. 2009년 4월 외무성 대변인 성명을 통해 우라늄 농축 개발을 시사한 이후 2010년 11월 우라늄 농축을 위한 원심분리기 2,000여 개를 가동 중이라고 주장한 것으로 볼 때, 고농축우라늄(HEU) 프로그램을 추진 중인 것으로 추정된다.

북한은 1970년대부터 탄도미사일 개발에 착수하여 1980년대 중반 사정거리 300km의 SCUD-B와 500km의 SCUD-C를 생산하여 작전배치하였다. 1990년대에는 사정거리 1,300km인 노동미사일을 작전배치하였으며, 2007년 사거리 3,000km 이상의 중거리 탄도미사일(IRBM)인 무수단을 작전배치함으로써 한반도를 포함한 일본과 괌 등 주변국에 대한 직접적인 타격능력을 보유하고 있다. 1990년대부터 장거리 탄도미사일(ICBM) 개발에 착수하여 1998년 대포동 1호, 2006년에 대포동 2호를 시험 발사하였으며, 2009년 4월 장거리 로켓을 발사하였다.

북한은 약 2,500~5,000톤의 다양한 화학무기를 보유하고 있으며 전국에 분산 저장하고 있는 것으로 추정된다. 또한 탄저균, 천연두, 콜레라 등의 생물무기를 자체적으로 배양하고 생산할 수 있는 능력을 보유하고 있는 것으로 추정된다.

제4절 대 비 태 세

오늘날 안보환경은 전통적인 군사위협이 존재하는 가운데, 다양한 형태의 초국가적·비군사적 위협이 증대되고 있다. 따라서 이러한 위협에 효과적으로 대처하기 위해 즉각적인 대응능력과 대비태세를 구비하고 국제사회와 긴밀한 공조체제를 구축해야한다.

1. 즉응능력과 대비태세 구축

북한의 군사적 위협에 확고한 대비태세를 유지하면서 테러, 해적행위, 사이버 공격, 재난 등 초국가적·비군사적 위협에도 즉각 대응할 수 있도록 대비태세를 구축하여야 한다. 세계 여러 지역에서 대규모 인명피해를 야기하고 있는 급조 폭발물에 대한 정부와 군의 합동대응능력을 향상시키고, 유형별 연합대테러 훈련을 강화하여야 한다. 또한 최근 급증하고 있는 사이버 공격에 대비하여 「국가 사이버 위기 종합대책」을 수립하고, 2010년 1월 창설한 「사이버 사령부」임무 수행 능력을 향상시켜야 한다. 대형 재난(대지진, 쓰나미, 원전 폭발 등) 발생으로 국가 핵심기반체계의 기능이 마비될 경우에 대비하여 「재난발생시 대응 매뉴얼」을 작성하여, 정기적인 「민, 관, 군, 경 합동훈련」을 실시함으로써 즉응 대비태세를 유지하여야 한다.

2. 국제사회와 공조체제유지

초국가적·비군사적 위협은 주체와 수단이 다양할 뿐만 아니라, 위협의 영역이 광범위하고 확산 속도가 빠르며 사전 예측도 어려워 한 국가의 노력만으로 대응하기에는 한계가 있다. 따라서 국제기구, 지역기구, 다자안보협의체를 중심으로 한 지역 및 국제적 차원의 협력은 필수적이다.

대한민국도 초국가적·비군사적 위협에 대한 지역 및 국제사회의 대응 노력에 적극 동참하고 있다. 2009년 3월부터 아덴만에 청해부대를 파견하여 우리 선박의 안전한 통항을 지원하고 대(對)해적 작전을 성공적으로 수행하고 있다. 2010년 2월 아이티의 재난 복구 지원을 위해 공병부대를 중심으로 약 240명 규모의 단비부대를 파견하였으며, 7월 아프가니스탄 지방재건팀(PRT) 인원의 안전을 보장하기 위해 232명의 방호병력을 파견하였다.

초국가적·비군사적 위협에 대한 공동대응능력을 향상하기 위해 국제사회의 각종 논의 및 훈련에도 적극적으로 참가하고 있다. 2009년 4월 서울에서 아세안지역안보포럼(ARF) 국방관리대화를 싱가포르 국방부와 공동 개최하여, 사이버 테러를 비롯한 초국가적 위협에 대한 군의 대응 노력과 지역 국가 간 협력 방안을 논의하였다. 2010년 10월 서울에서 한미 공동으로 제13차 아·태 지역 군고위급(CHOD)회의를 개최하였다. 이 회의는 우리 군 역사상 최대 규모의 군 고위급 회의로서 26개국의 합참의장급 장성들이 참석하여 본회의, 양자·다자대담 등을 통해 PKO·해양안보 협력 등 다양한 의제에 대해 논의를 전개하였다. 참가국들은 지역의 안정과 세계평화에 기여할 수 있는 공조체제 구축과 군사협력 강화 필요성에 공감하고, 향후 안보위협 대응을 위한 지역의 공동노력에 적극 동참할 것을 약속하였다.

2009년 5월 필리핀에서 미국과 필리핀 공동주최로 아세안지역안보포럼 회원국 간 재난구호 연합훈련이 최초로 실시되었다. 2010년 2월 태국에서 개최된 코브라골드훈련에는 2,600t급 상륙함과 대대급 병력이 참가하여 다국적군 합동작전 수행능력을 향상시켰다.

제4장 자 주 국 방

제1절 개념 및 딜레마

1. 자주국방(自主國防)의 개념

세계 역사를 보면 스스로 방어할 능력을 갖추었던 국가는 존재하였고, 방어능력이 없는 국가는 소멸되었다. 강군(强軍)없이 강국(强國)이 될 수없는 것이다. 자주국방(Self defense)이란 "자기 스스로 국가를 방어한다." 는 의미로써 "한 국가가 스스로 내·외부의 위협으로부터 국가를 보호할 수 있는 능력을 갖추는 것"을 말한다. 자주국방의 핵심은 군사력 건설로서 군사력을 국가방위뿐만 아니라, 전쟁억제를 위해 사용하기도 하며, 상대국가에 자국의 이익을 강요하기 위해 사용하기도 한다.

2. 자주국방의 딜레마

한 국가가 내·외부 위협으로부터 스스로 자신을 보호할 수 있는 능력을 갖추기 위해서는 「안보 딜레마」와 「국방 딜레마」를 야기시킨다.

가. 안보 딜레마

「안보 딜레마」란 '한 국가가 위협으로부터 자신을 보호하기 위해 적절한 군사력을 건설하게 되면, 그 인접 국가에서도 위협을 느껴서 군사력을 건설함으로써, 오히려 위협이 더 증가하게 되는 모순에 빠지게 된다.' 는 것이다.

나. 국방 딜레마

「국방 딜레마」란 '국가의 제한된 자원을 국가 경제와 국민 복지 등 다양한 분야에 투입하지 않고 군사력 건설에 집중 투자할 경우 국가 안보가 오히려 더 위험에 빠질 수 있다.' 는 것이다. 현재 북한의 상황과 구소련의 소멸은 국방의 딜레마에 해당된다고 볼 수 있다.

3. 과거 역사의 교훈

가. 임진왜란

일본의 도요토미 히데요시는 1592년(선조 25년) 4월, 20만 명의 군사력으로 조선을 침략함으로써 7년 전쟁이 시작되었다. 아무런 전투준비태세를 갖추지 못했던 조선은 조총으로 무장된 왜군을 막기에 역부족이었으며 선조 임금은 의주로 피신하였다. 그러나 해상에서는 이순신 장군이 왜군을 격파함으로써 조선이 멸망하지 않게 되었다. 율곡 이이 선생의 '십만양병론'을 외면하고 국방력을 기르지 못해 전 국토가 유린당하게 된 것이다.

나. 병자호란

청나라 태종이 1636년(인조 14년), 10만 명의 대군을 이끌고 조선을 침략하였는데, 이 전쟁이 병자호란이다. 인조 임금은 남한산성으로 들어가 항전을 계속하였으나 성 안에 식량이 떨어지고 지방의 지원병도 도달하지 못하자, 인조가 삼전도에 주둔해 있는 청 태종 앞에 나아가 삼배구고두(三拜九叩頭)의 예의를 갖추고 항복하였다.

다. 한·일 합병

1910년 8월 29일 순종 황제가 대한제국을 일본에 넘긴다는 조칙을 내렸다. 이로써 한국은 1910년부터 1945년 8월 15일까지 35년 동안 나라를 잃어버린 고난의 식민지 시대가 되었다.

제 2절 한국의 자주국방

1. 자주국방의 배경

1969년 7월 25일 '괌'을 방문한 미국 닉슨 대통령은 "아시아에서 재래식 전쟁이 발발한 경우, 1차적 책임은 당사국이 져야 하며 미국은 선택적이고 제한적으로 지원할 것"을 선언하였다. 그리고 지속적인 미군 철수(1954~1965)와 1968년 1. 21 청와대 습격사건, 10. 30일 울진·삼척 지구 무장공비 침투사건, 1969년 청진 앞바다 미 해군 정찰기 EC-121기 격추사건 등 북한의 도발이 계속되었으나 미국은 군사적 보복을 취하지 않고, 미온적인 태도로 일관하게 되자, 한국 박정희 정부는 불안감이 고조되었다. 이에 대해 박정희 대통령은 1969년 9월 제2군 사령부 방문시 행한 연설에서 "언제나 미군이 한국에 주둔하는 것을 바랄 수는 없다. 미군 철수에 대비하여 독자적인 자주국방을 위한 장기대책을 세워야 할 것" 이라고 말했다.

2. 자주국방의 추진

한국은 경제개발 5개년 계획에 따라 「자조정신, 자립경제, 자주국방」을 국정목표로 하였다. 박정희 대통령은 독자적 자주국방을 하기 위하여 1971년 국방과학연구소(ADD)를 창설하고, 새로운 무기체계를 도입하며, 미사일 등 첨단 무기체계를 개발하는데 중점을 두었다.

이러한 자주국방의 추진은 「율곡사업(=방위력 개선사업)」계획으로 구체화되었으며, 율곡사업은 1974년부터 1996년까지 3차에 걸쳐서 진행되었다.

구분	제1차 율곡 (1974-81)	제2차 율곡 (1982-86)	제3차 율곡 (1987-96)
투자비 (국방비 대비)	3조 1,402억원 (31.2%)	5조 3,280억 원 (30.5%)	26조 105억원 (32.0%)

구분	제1차 율곡 (1974-81)	제2차 율곡 (1982-86)	제3차 율곡 (1987-96)
추진 내용	• 노후장비교체 • 전방지역 진지구축 • 고속정 건조 • 항공기(F-4)구매	• 자주포, 한국형 전차, 장갑차 개발 • 주요 전투함정 건조 • F5 전투기 기술도입 생산	• 전차, 장갑차, 자주포 양산 • 헬기, 잠수함, F-16 전투기 기술도입 생산

* 출처: 국방부, 『국방백서 1996-97』(서울: 국방부,1996), p. 89.

한국은 1950년대까지는 국방비 총액 60~80%를 미국에 의존하였기 때문에 국군의 장비는 물론이고, 운영유지비까지도 전적으로 미국의 군사원조로 충당하였고, 한국의 예산은 겨우 병력 유지를 위한 급식과 급여 정도를 감당할 수 있었을 뿐이었다.

그러나 경제개발 5개년 계획에 의해 경제가 급속도로 발전함에 따라 국방비의 독자적 부담비율이 점차 늘어나 1971년에는 국방비의 91%를 한국이 담당하게 됨으로써, 한국군의 독자적 군사력 건설 계획에 따라 장비증강과 군현대화를 추진할 수 있었다. 1974년부터 추진된 제1차 방위력 개선사업에 필요한 재원마련을 위해 1975년 정부는 '방위세'라는 목적세를 신설하여 1990년까지 존속시켰다.

방위력 개선사업(1974~1996)의 성과로 육군은 가장 중요한 사단전력이 전투사단 · 예비사단개념에서 상비사단 · 동원사단 · 향토사단의 개념으로 발전되었다. 해군은 구형구축함이 도태되고 한국형 구축함 및 경비함 그리고 각종 대 · 중 · 소형 미사일 고속정이 증강되었으며, 대잠초계기, 대잠헬기와 이에 따른 국산잠수함의 확보로 주요 해역의 수중감시체계 강화 및 대잠수함 공격능력이 강화되었다.

그 외에도 해상수송능력과 소해능력을 향상시켰으며, 북한의 대상륙전에 대비하여 서해 5개 도서 및 수도권 서부축선 방어를 더욱 공고히 하고, 유사시 다양한 상륙작전 수행을 위한 해병사단 및 여단이 증 · 창설되었다. 공군은 F-AD/E의 도입 및 F-5E/F의 국내 조립생산으로 구형 전투기인 F-86을 도태시키고 신형항공기로 대체시키는 한편, 1995년부터 1998년까지 최신예기인 F-16(C/D, 국내조립생산)

을 확보하였다.

이와 같이 방위력개선사업은 고기술 무기체계 및 장비를 확보함으로써 양적·질적 향상을 이룩하여 한국의 독자적 군사력 건설에 크게 기여했다.

2006년부터는 「국방개혁 2020」이라는 명칭으로 전력증강이 추진되기 시작하였다. 주요 중점은 ① 국방의 문민기반을 확대하고 ② 현대전에 부합된 군 구조 및 전력체계를 구축하며 ③ 저비용·고효율의 국방관리 ④ 시대 상황에 부응하는 병영문화를 개선하는 것이다.

2006년부터 2020년까지 투입되는 국방비는 약 590조 원이다. 「율곡사업(1974~96)」은 군사력 건설에 중점을 두었고 「국방개혁 2020」은 국방개혁에 중점을 두었다.

제 3절 동맹 불가국의 자주국방

이스라엘과 대만 같은 국가들은 다른 국가들과 동맹을 체결하여 국가안보를 유지하려고 하지만, 동맹이 불가하여 자주국방 노력을 계속하고 있는 국가들이다.

1. 이스라엘

이스라엘은 팔레스타인 해방기구(PLO)를 비롯한 주변 아랍 국가들과의 전쟁 상황이 지속되고 있는 국가이다. 따라서 서방 국가, 미국 등과 동맹을 체결하여 국가안전보장을 유지하려고 시도하고 있다. 그러나 서방 국가들은 석유 수출국들이 집중되어 있는 중동 아랍 국가들과의 이해관계로 인하여 이스라엘과 동맹을 거부하고 있으며, 미국도 방위조약을 거부하고 있다. 이러한 어려운 안보 상황을 극복하기 위하여 이스라엘은 핵무기를 개발하였고, 핵확산금지조약(NPT)에 가입하지 않고 있다. 또한 여성도 남성과 똑같이 국방의 의무를 부여하고 있으며 국가동원제도를 발전시켜 단기간 내에 국력을 최대로 동원시켜 전시체제로 돌입할 수 있도록 하였다.

2. 대만

1949년 모택동(1976년 사망)의 공산당 정권에 의해 대만으로 축출된 장개석 국민당 정부는 3不 정책(불접촉, 불담판, 불간섭)을 고수하다가 1991년부터 3通 정책(통상, 통항, 통우)으로 정책을 전환하였다. 미국은 1979년 중국과 수교하면서, 대만과 맺고 있던 공동방위조약을 폐기하였다. 대만은 중국으로부터 독립하려고 하며, 중국은 대만을 중국 대륙으로 통일하고자하는 「양안문제」가 중국과 대만 간의 최대 현안 문제로써 대부분의 국가들이 중국과의 이해관계를 중시하고 있다는 사실을 알고 자주국방 노력을 강화하고 있다.

제5장 동 맹

제1절 동맹의 개념 및 분류

1. 동맹의 개념

국가안보를 위한 가장 확실한 방법은 자기 스스로 자기나라를 지키는 자주국방이다. 그러나 자주국방은 경제발전에 많은 제약을 가하기 때문에, 단기간 내에 달성하기는 쉽지 않으며, 중장기 계획을 가지고 자주국방을 이룩해 나가야 한다.

동맹은 자주국방처럼 국가안보의 확실한 방법은 아니지만 경제건설과 더불어 국가안보를 동시에 달성할 수 있는 방법으로 이용하고 있다.

동맹(Alliance)이란 "개인·단체 및 국가가 어떤 목적을 이루기 위해 상호 동일한 행동을 취할 것을 맹세하여 맺는 약속이나 언약"을 뜻한다.[6] 군사동맹이란 "두 국가 혹은 그 이상의 국가 간에 상호 군사지원 약속"을 뜻한다. 군사동맹을 맺은 한 국가가 적의 침략을 받았을 경우에 동맹을 맺은 국가들이 공동으로 전쟁에 참여하기를 약속하는 방식이다.

2. 동맹의 분류

동맹을 몇 가지 기준에 의해 분류해 보면 다음과 같다.[7]

가. 지리적 범위 : 범세계적 동맹, 지역적 동맹
나. 동맹 참가자 : 양자 동맹, 다자 동맹
다. 이익 성격 : 동종이익 동맹, 이종이익 동맹

6) 육군본부, 「군사용어사전」, p.194
7) 육군사관학교, 「국가안보론」, 박영사, 2001, p.124

가. 지리적 범위 : 범세계적 동맹, 지역적 동맹

제1차 세계대전 후 승리한 연합국을 주축으로 1920년도에 설립한 「국제 맹」이나 제2차 세계대전 후 전쟁방지와 평화유지를 위해 1945년 10월에 설립한 「국제연합」은 범세계적 동맹이라고 볼 수 있으나, 제2차 세계대전 후 시작된 냉전체제 하에서 미국과 소련이 맺은 NATO(North Atlantic Treaty Organization)와 WTO(Warsaw Treaty Organization)는 지역적 동맹이다. NATO는 1949년 4월에 조인하여 8월 24일부터 효력이 발생하였고, 미국과 서부 유럽 국가를 중심으로 체결되었다. WTO는 서부 유럽과 서독의 NATO 결성에 자극받아 1955년 5월 14일 소련과 동부 유럽 국가를 중심으로 체결되었으나 1991년 소련 연방의 해체와 더불어 1991년 4월 1일 부로 해체되었다. 또한 어느 특정 지역 내의 세력균형을 유지하기 위한 동맹이 형성되는 경우로써 한·미 동맹, 미·일 동맹 등도 지역적 동맹이다.

나. 동맹 참가자 : 양자 동맹, 다자 동맹

양자 동맹은 동맹 참가국이 2개국인 경우를 말하며, 한·미 동맹, 미·일 동맹이 좋은 사례이며, 다자 동맹은 3개국 이상이 동맹을 맺은 것으로써 NATO, WTO, 아메리카 대륙의 지역 협력을 위해 설치된 OAS(Organization of American States, 미주기구) 등이 이에 해당된다.

다. 이익 성격 : 동종이익 동맹, 이종이익 동맹

동종(同種)이익 동맹이란 동맹으로부터 받는 이익이 같은 종류의 것일 때를 의미하는데 영·미 동맹이 좋은 예이다. 제2차 세계대전 이전에 영국과 미국은 독일을 견제함으로써 군사적·경제적으로 동일한 이익을 추구하기 위하여 동맹을 결성하였다. 이종(異種)이익 동맹이란 이익이 다른 종류의 것일 때를 의미하며 한·미 동맹이 좋은 예이다. 한국은 국가안보를 위하여 체결하였으나, 미국은 미군의 동북아 지역 전진배치를 통하여 세력균형을 유지하기 위하여 동맹을 체결하였다고 볼 수 있다.

제2절 한·미 동맹

1. 개요

한국과 미국은 1953년 10월 1일 부로 「한·미 상호방위」를 체결한 후, 자유와 평화라는 민주주의의 보편적 가치를 공유하고 이를 소중하게 지키면서 공고한 동맹관계를 발전시켜 왔다.

"같이 갑시다!(We go together!)" 많이 알려져 있는 한·미 연합사령부의 구호다. 이 구호가 상징적으로 보여주듯이 1950년 6·25 전쟁과 함께 시작된 한·미 동맹은 미국에게는 동아시아 안보전략의 핵심 축을 의미했으며, 우리에게는 국가안보의 필수적인 주춧돌이었다.

우리 대한민국은 한·미 동맹을 바탕으로 굳건한 연합방위태세를 유지함으로써 북한의 도발을 억제하는데 성공하였음은 물론, 역사상 가장 빠른 시기에 비약적인 경제성장을 이룩하였고, 민주주의의 소중한 가치들을 발전시켜 올 수 있었다. 이와 함께 한·미 관계도 수평적·호혜적 관계로 변화해 왔다.

그러나 21세기를 맞이하면서 세계는 또 한번 새로운 변화를 겪고 있다. 냉전질서가 막을 내리고 세계적 차원에서 사회주의 국가들이 대부분 무대에서 사라진 대신, 2001년 9·11 테러의 발생으로 '대테러'와 '대량살상무기 비확산'을 가장 중요한 안보현안으로 인식하고 있는 미국은 군사변혁(Military transformation)을 추구하면서 대테러 전쟁을 최우선의 목표로 한 안보전략을 구체화하고 있다.

우리는 이처럼 급변하는 세계질서 속에서 한반도에는 여전히 분단 상태가 지속되고 있고, 남북교류협력의 증대에도 불구하고 북한이 대량살상무기를 비롯한 핵심전력을 지속적으로 증강시키고 있는 현실을 직시하고, 한·미 동맹관계를 미래지향적으로 발전시켜 나가야 한다.

2. 「한·미 상호방위조약」

1953년 10월 1일, 『한·미 상호방위조약』의 체결로 한·미 양국은 1882년 5월 22일 조·미 통상협정을 맺은 지 71년 만에, 또한 1871년 신미양요 사건을 겪은 지 82년 만에 자유와 평화라는 공동의 이해관계에 기초한 동맹관계를 맺게 되었다. 이 조약은 한국전쟁을 중지시키기 위한 정전협정 체결 과정에서 이승만 대통령이 보여준 외교적 노력의 결실이다.

1953년 봄, 한국 국민들의 통일에 대한 열망과 정전협정 체결 반대에도 불구하고 유엔군과 공산군 측의 정전협상은 계속 진행되고 있었다. 동아시아 지역에서 소련과 중국의 세력이 확대되는 당시 상황에서 정전협정의 체결은 이후 유엔군의 철수와 함께 북한군의 재남침을 예고하는 것이나 다름없었다. 정전협상이 막바지에 접어들면서 이승만 대통령은 상호방위조약 체결을 미국에 요구하면서, 만약 미국이 이 문제에 성의를 보이지 않는다면 정전협상 또한 순조롭게 진행되지 못할 것이라고 경고하였다.

실제로 이 대통령은 미국과 상의 없이 1953년 6월 18일 전국의 UN군 포로수용소에 있던 포로 중에서 27,388명의 반공포로를 전격적으로 석방하였다. 이 대통령의 단호한 자세에 놀란 미국은 한국인을 안심시키고 한국에 대한 미국의 방위공약을 확고한 하기 위해 상호방위조약을 체결하기로 결정하였다.

이 대통령은 한국이 침략을 받을 경우 미국이 자동적으로 전쟁에 개입하는 내용을 상호방위조약에 포함할 것을 요구하였다. 이에 미국은 상호방위조약에 자동개입 조항이 포함되면 상원의 비준을 받기 어렵다는 이유를 내세워 한국 정부를 설득하였다. 그리하여 1953년 10월 1일 워싱턴에서 양국 정부에 의해 한·미 상호방위조약이 조인되었다.

이 조약은 한반도에서의 전쟁을 억제하기 위해 미군 주둔을 위한 제도적 보장장치이며, 연합방위체제의 법적 근간으로서 주한미군지휘협정과 정부 간 또는 군사 당국자 간의 각종 안보 및 군사관련 후속협정들의 기초를 제공하고 있다.

【한·미 상호방위조약 전문】

본 조약의 당사국은 모든 국민과 모든 정부와 평화적으로 생활하고자 하는 희망을 재인식하고, 또한 태평양 지역에 있어서의 평화기구를 공고히 할 것을 희망하고, 당사국 중 어느 일방이 태평양 지역에 있어서 고립하여 있다는 환각을 어떠한 잠재적 침략자도 가지지 않도록 외부로부터의 무력공격에 대하여 그들 자신을 방위하고자 하는 공통의 결의를 공공연히 또한 정식으로 선언할 것을 희망하고, 또한 태평양 지역에 있어서 더욱 포괄적이고 효과적인 지역적 안전보장조직이 발달될 때까지 평화와 안전을 유지하고자 집단적 방위를 위한 노력을 공고히 할 것을 희망하여 다음과 같이 합의한다.

제1조 : 당사국은 관련될지도 모르는 어떠한 국제적 분쟁이라도 국제적 평화와 안전과 정의를 위태롭게 하지 않는 방법으로 평화적 수단에 의하여 해결하고, 또한 국제관계에 있어서 국제연합의 목적이나 당사국이 국제연합에 대하여 부담한 의무에 배치되는 방법으로 무력에 의한 위협이나 무력행사를 삼갈 것을 약속한다.

제2조 : 당사국 중 어느 일방의 정치적 독립 또는 안정이 외부로부터의 무력침공에 의하여 위협을 받고 있다고 어느 당사국이든지 인정할 때에는 언제든지 당사국은 서로 협의한다. 당사국은 단독적으로나 공동으로나 자조와 상호 원조에 의하여 무력공격을 방지하기 위한 적절한 수단을 지속하여 강화시킬 것이며, 본 조약을 실행하고 그 목적을 추진할 적절한 조치를 협의와 합의 하에 취할 것이다.

제3조 : 각 당사국은 타 당사국의 행정관리 하에 있는 영토, 또한 금후 각 당사국이 타 당사국의 행정관리 하에 합법적으로 들어갔다고 인정하는 영토에 있어서 타 당사국에 대한 태평양 지역에 있어서의 무력공격을 자국의 평화와 안전을 위태롭게 하는 것이라고 인정하고, 공통한 위험에 대처하기 위하여 각자의 헌법상의 수속에 따라 행동할 것을 선언한다.

제4조 : 상호 합의에 의하여 결정된 바에 따라 미합중국의 육군, 해군과 공군을 대한민국의 영토 내와 그 주변에 배치하는 권리를 대한민국은 이를 허여하고 미합중국은 이를 수락한다.

제5조 : 본 조약은 대한민국과 미합중국에 의하여 각자의 헌법상의 절차에 따라 비준되어야 하며, 그 비준서가 양국에 의하여 워싱턴에서 교환되었을 때에 효력을 발생한다.

제6조 : 본 조약은 무기한으로 유효하다. 어느 당사국이든지 타 당사국에 통고한 일년 후에 본 조약을 종지시킬 수 있다.

이상의 증거로서 하기 전권위원은 본 조약에 서명하였다.

본 조약은 1953년 10월 1일 워싱턴에서 한국문과 영문의 2통으로 작성되었다.

대한민국을 위하여 **변 영 태**

미합중국을 위하여 **존 포스터 덜레스**

3. 한 · 미 동맹의 변화

가. 한 · 미 역할 조정

1960년대 말 미국은 장기전화한 베트남 전쟁에 대한 국내외의 반발과 막대한 전비지출에 따른 인플레이션, 달러화 약세 등 어려움을 안고 있었다. 이러한 난국을 타개할 목적으로 닉슨 대통령은 1969년 7월 25일, "아시아에서 재래식 전쟁이 발발했을 경우 그 방위의 1차적 책임은 당사국이 져야 하며, 미국은 선택적이고 제한적으로 지원할 것이다." 라는 『닉슨독트린』 을 발표하였다.

이에 따라 미국 정부는 1971년 7월까지 아시아에서 총 4만 2천 명의 미군을 철수시키기로 하였다. 그리하여 주월 미군과 해외주둔 미군의 감축이 본격적으로 추진되었고, 한국에서도 1971년에 미 제7사단이 철수하게 되었다. 1977년 1월 미국의 카터 대통령이 한국에 남아있는 미 제2사단마저 철수시키겠다고 선포함에 따라 한 · 미 간에는 주한 미 지상군의 철수와 관련된 작전 지휘체계를 효율적으로 통합하여 한국의 방위력을 증진시키기 위해 본격적으로 연합군 사령부 창설 문제를 논의하게 되었다. 1980년대 들어 한국은 현대적 국방관리의 개념이 도입되고 각종 기구와 절차가 체계화되면서 전력증강이 이루어지는데 힘입어 '한국방위의 한국화'를 꾸준히 추진하였다. 1980년도 말, 당시 미 의회는 냉전종식이라는 안보환경 속에서 국방비 축소와 함께 군사력의 재조정 방안을 검토하고 있었는데, 주한미군 등 아 · 태 지역 미군에 대해서는 『넌 · 워너 수정안』 을 채택하였다. 그리고 1990년 미 국방부는 『동아시아 전략구상』 을 발표하였다.

주요 내용은 동아 · 태 지역의 전진배치 전략을 그대로 유지하는 가운데 일부 지상군 · 공군 중심으로 전체 태평양 전력의 10~12%를 감축하기로 하고, 주한미군의 단계적 감축과 함께 미군의 역할을 주도적 역할(Leading role)에서 지원역할(Supporting role)로 점진적으로 변경하여 1996년 이후부터 한국이 주도적 역할을 수행하도록 한다는 것이었다. 이 계획에 따라 1992년 1단계로 주한미군 7,000명의 감축이 이루어졌다. 주한미군 역할 변경에 있어서는 군사정전위원회 수석대표에 한국군 장성 임명(1991. 3), 한 · 미 야전사의 해체(1992. 7), 지상구성군 사령관에 한국군 대장 임명(1992. 12) 등의 조치가 뒤따랐고, 1994년에는 평시 작전통제권이 한국군으로 되었다.

나. 주한미군 재배치

고려시대 때부터 외국군 주둔시 근거지로 살던 용산기지가 이제 '민족 공원'으로 탈바꿈하여 서울 시민의 품으로 돌아오게 되었다. 전국 각지에 흩어져 있던 미군기지도 대부분 반환되고, 대신 평택 등지로 축소·통폐합 된다.

「용산기지 이전사업」은 서울 도심에 주둔하고 있는 외국 군대의 이전을 원하는 국민의 여망에 부응하고, 주한미군의 안정적 주둔여건을 조성하며, 국토의 균형적 발전을 도모함과 아울러 한·미 동맹 강화를 위하여 1988년 3월부터 추진하였다. 2004년 7월 22일부터 23일까지 미국 워싱턴에서 열린 제10차 미래 한·미동맹 정책구상(FOTA) 회의에서, 한·미 양국은 유엔사·연합사를 포함한 용산 기지를 평택지역으로 이전하기로 합의하여 『용산기지 이전협정』을 체결하였고, 2004년 12월 국회에서 비준 동의를 받음으로써 용산기지 이전사업이 본격적으로 추진되었다.

「미2사단 재배치」는 주로 경기 북부지역에 분산 배치되어 임무를 수행하고 있는 주한 미2사단을 국토의 균형발전과 지역주민들의 불편 해소, 미측의 주한미군 재배치 계획에 따라 기지 통·폐합을 추진하는 사업이다. 우선 1단계로 한강 이북지역에 위치한 주한미군 군소기지를 동두천·의정부 지역으로 이전 통합하고, 2단계로 주요 부대를 평택 및 군산지역 등으로 이전한다는 계획이다.

주한미군은 현재 전국에 산재돼 있는 43개 기지에서 2개 권역 16개 기지로 재배치될 예정이며, 이 과정에서 약 5천여 만평이 우리에게 넘어올 예정이다. 주한미군 재배치가 완료되면 주한미군의 미래지향적인 전투준비태세 유지를 위한 주둔여건을 제공함으로써 한·미 연합방위력이 증대됨은 물론 한·미 동맹이 더욱 공고하게 발전하게 기반이 될 것이다.

한·미 양국은 2008년까지 3단계로 12,500명을 감축하기로 하였다. 이 계획에 따라 감축이 이행되면 주한미군의 병력 규모는 2003년 37,500여 명에서 2008년 말에는 약 25,000여 명이 될 예정이었는데 2008년 4월 한·미 정상회담에서 3단계 감축을 하지 않고 현 수준(28,500여 명)을 그대로 유지하기로 합의하였다.

단 계	년 도	감축인원	주둔인원
1단계	2004	5,000명	32,500명
2단계	2005~2006	5,000명(실제 4,000명)	27,500명
3단계	2007~2008	2,500명(3,500명 예정)	25,000명(현재 28,500명)

4. 「한 · 미 동맹」 관련 연습

한 · 미 양국군은 을지프리덤가디언(UFG) 연습, 키 리졸브(Key Resolve) 및 독수리(FE) 연습 등 다양한 연합연습 및 훈련을 통하여 전시 한 · 미 연합 작전계획의 실천력을 점검하고 전비태세를 강화하고 있다.

가. 을지프리덤가디언(UFG) 연습

을지프리덤가디언(UFG : Ulchi-Freedom Guardian) 연습은 국가 전쟁지도 및 전쟁수행 능력을 향상시키고 전쟁 수행절차를 숙달하기 위해 실시하는 종합지휘소 연습으로, 1954년도부터 유엔군 사령부 주관으로 실시되던 '포커스렌즈 연습'과 1968년 1.21 사태 이후 정부 주관으로 실시되던 '을지연습'을 통합하여 연례적으로 실시하고 있다. 을지프리덤가디언 연습은 주로 전쟁 초기 정부 위기관리 및 한 · 미 연합 위기관리 절차와 함께 작전단계별 상황을 상정하여 체계적으로 진행되는데, 1988년부터는 컴퓨터와 워게임 모델에 의한 도상지휘소 연습을 하고 있다. 즉 실제 병력과 전투장비가 아닌 컴퓨터로 전장상황을 구현하는 모의지휘소 연습이다.

나. 키리졸브 연습

키 리졸브(Key Resolve) 연습은 한반도 유사시 미 증원전력을 전개하는 훈련으로써, 2007년까지 실시해 왔던 연합전시증원연습(RSOI)을 대체하여 2008년부터 시행해 오고 있다. 키 리졸브 연습은 전시 미국 본토에서 한반도로 전개되는 증원군을 수용하여 전방이동 준비를 위한 재편성 단계인 대기로부터 전방으로 이동하여 전술지휘관에게 부대에 대한 통제권을 전환하는 등 한국군과 통합하는 절차를 숙달하는 연습이다.

다. 독수리 연습

독수리(FE : Foal Eagle) 연습은 한반도에서 전쟁억제를 위해 한 · 미 간의 군사적 결의를 과시하고 연합 및 합동작전태세완비를 위해 1961년부터 연례적으로 실시하는 연합 · 합동 야외기동연습이다. 그리고 이 연습은 2002년부터 연습의 효율성을 고려하여 연합전시증원(RSOI) 연습과 연계하여 실시돼 오다가 2008년부터는 RSOI를 대체한 키 리졸브 연습과 함께 실시되고 있다.

5. 한·미 동맹의 평가

가. 경제적 발전에 기여

한 · 미 동맹은 국가안보 측면에서뿐만 아니라 우리의 경제발전과 안정에도 크게 기여해 왔다. 6 · 25전쟁 이후 북한과의 체제대결 와중에도 미국의 안보지원하에 대북억제력을 유지할 수 있었고, 이를 바탕으로 고도의 경제성장을 이룰 수 있었다.

1950년 우리나라의 1인당 GNP는 50달러에 불과했지만 2007년에는 2만 달러 수준으로 향상돼 60년이 채 안된 기간 동안 우리나라는 무려 400배에 이르는 엄청난 경제성장을 이룩하였다. 지구상 어느 나라도 같은 기간 동안 우리처럼 국력신장을 이룩한 예가 없다. 3년간 전쟁을 치르면서 국토의 80%가 잿더미로 변했고, 그 폐허 위에서 이처럼 고도성장을 이룩할 수 있었던 배경에는 굳건한 한 · 미 동맹과 주한미군의 존재가 크게 기여했다는 사실을 우리는 기억해야 한다.

한 · 미 동맹을 유지하는 것은 우리의 안보비용을 획기적으로 절감시켜주는 효과가 있는 것이다. 우리는 한반도 방위에 있어서 미국의 안보지원과 보장 덕분으로 우리의 방위비 지출을 낮출 수 있었다. 특히, 한 · 미 동맹을 기초로 한 튼튼한 안보는 외국투자자들이 마음 놓고 투자할 수 있는 여건을 만들어 주었고, 이것이 우리 경제가 성장할 수 있는 중요한 기반이 되었다.

나. 동북아지역 세력 균형자 · 안정자 역할

일본과 중국, 러시아 등 한반도 주변 강대국들은 정치 · 경제적으로 뿐만

아니라 군사대국이다. 이들 나라들은 군사변혁을 지속적으로 추진하여 최첨단 정보 · 과학군으로서 막강한 군사력을 보유하고 있다. 이러한 상황에서 주한미군이 철수해 버린다면, 한반도에는 그야말로 군사적으로 공동화 현상이 발생할 가능성이 크다. 다시 말해서 미군철수는 동북아지역 내에서의 불안정을 초래할 수

있는 세력공백을 형성시키게 될 것이고, 이러한 세력공백을 채우려는 국가들 간의 패권경쟁을 유발시킬 수 있다.

따라서 주한미군은 이들 나라의 세력경쟁을 제어하는 균형자 또는 안정자 역할을 수행해 왔고, 앞으로도 이러한 역할은 유효한 것이다. 이러한 차원에서 주한미군은 한·미 동맹의 상징이자 동북아 지역의 세력균형자로서 통일 이후에도 계속 주둔해야 한다는 것이 우리 정부의 확고한 입장이다.

다. 한·미 동맹에 대한 국민의식

미국의 6·25 전쟁 참전과 희생, 전후 복구 과정에서 미국의 군사 및 경제 원조, 대북억제 및 경제성장의 토대 구축, 그리고 세계에서 그 유례를 찾아보기 힘든 초고속 경제성장과 민주주의 구가 등 한국현대사의 대변혁을 규정하는데 있어서 '한·미 동맹'을 빼놓고는 설명하기가 쉽지 않다.

그러나 전쟁이 끝난 지 반세기가 넘는 세월이 훌쩍 지나가버린 오늘날

전쟁과 희생은 서서히 잊혀져 가고 있고, 냉혹한 실리추구의 현실 속에서 한국과 미국 간에는 크고 작은 갈등이 있어 왔다. 외교적·군사적으로는 변함없는 우방이면서도 두 나라 국민들 간의 마음속에는 크고 작은 문제로 상처받는 상황도 있었다. 80년대부터 대두되기 시작한 이념적 반미주의가 2000년대 들어서면서부터 일부 국민들의 일시적인 반미감정 표출과 뒤섞여 나타나기 시작했고, 이는 미국인들의 마음에 상처를 입히기도 했다. 우리는 일시적으로 발생하는 '감정'의 표출과 변혁운동의 주의·주장으로서 '반미'를 구분해야 한다. 순수한 '추모집회'가 반미운동으로 변질되고, 그것이 다시 반미감정의 확산으로 재생산되는 악순환의 고리를 끊어야 한다. 물론 2000년대에 등장한 우리 사회내의 반미감정과 대등한 한·미 관계에의 요구는 전통적 한·미 동맹을 새로운 시각에서 재정리할 것을 바라는 측면도 있다. 미국의 군사변혁과 한국방어에서 한국의 주도적인 역할 수행은 이제 당연한 것으로 받아들여지고 있는 상황이다.

따라서 우리는 한·미 동맹을 대체하는 배타적 자주국방이 아니라 한·미 동맹 을 더욱 굳건히 하면서 한국의 자율권을 향상시키는 방향으로 발전시켜 나가야 하고 이를 위해 스스로의 역량도 키워야 한다.

제3절 한·미군 지휘관계

1. 개요

1950년 6월 25일 한국전쟁이 발발하자, 미국의 요청에 의해 UN 안보리는 안전보상이사회를 개최하여 북한이 한국에 대한 적대행위를 즉각 중지하고 철수할 것을 촉구하는 결의문을 채택하였다. 그러나 북한이 남침을 계속하자 UN군 사령부가 구성되어 참전을 하게 되었다. 한국전쟁 발발 당시 미 태평양 사령관이었던 맥아더 장군은 미 합참으로부터 "한국내 미 군사작전을 통합 지휘하라" 는 지시를 받고 현지상황을 시찰하기 위해 6월 29일 전용기 편으로 수원 비행장에 도착했다. 한강방어선을 시찰한 후 일본 동경으로 돌아간 맥아더 원수는 7월 1일 스미스 특수임무 부대를 부산에 도착시켰다. 이승만 대통령은 1950년 7월 14일, 작전지휘통일과 지휘체제 일원화를 위해 "전쟁 상태가 계속되는 동안, 한국군의 작전지휘권을 유엔군 사령관에게 위임한다." 는 서한을 맥아더 원수에게 보냈다.

유엔군을 지원해 6·25전쟁에 참가한 국가현황

구 분	국 가
전투부대 파병 (16개국)	미국·영국·오스트레일리아·네덜란드·캐나다·뉴질랜드·프랑스·필리핀·터키·타이·그리스·남아프리카공화국·벨기에·룩셈부르크·콜롬비아·에티오피아
의료지원부대 (5개국)	스웨덴·인도·덴마크·노르웨이·이탈리아
물자 지원 (20개국)	아르헨티나·볼리비아·브라질·칠레·코스타리카·쿠바·에콰도르·엘살바도르·아이슬란드·이스라엘·레바논·리베리아·멕시코·니카라구아·파키스탄·파나마·파라과이·페루·우루과이·베네수엘라
계	41개국

한편, 작전통제권이라는 용어가 사용된 문서는 한국전쟁이 휴전 상태로 된 이후 다음해 1954년 11월 한·미 간에 체결된 「한·미 합의 의사록」이다. 한·미 합의 의사록 제2조에 "유엔군 사령부가 대한민국의 방위를 위한 책임을 부담하는 동안, 대한민국 국군을 유엔군 사령부의 작전통제 하에 둔다." 라고 명시되어 있다.

2. 지휘관계 구분(지휘, 작전지휘, 작전통제)

인사		정보	작	전			군수	기타
인사 관리	인사 근무	정보	전투 작전	전투 편성	교육 훈련	행정 지원	자원 획득	예산, 기타

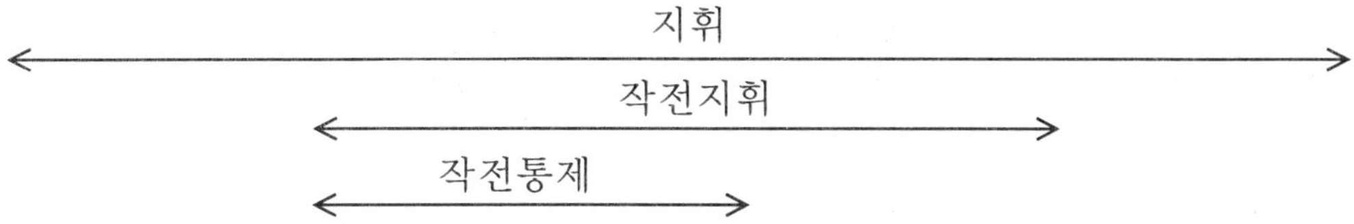

가. 지휘권(Command authority)

지휘권은 인사, 정보, 작전, 군수, 기타 분야 등 모든 분야를 망라한 군에 대한 통수권을 말한다.

나. 작전지휘권(Operational command authority)

작전지휘권은 지휘권 중에서 인사나 군수, 기타 분야를 제외한 분야에 대한 책임 및 권한을 말한다.

다. 작전통제권(Operational control authority)

작전통제권은 작전계획이나 작전명령에 명시된 임무를 수행하기 위해 정보 분야 및 전투작전, 전투편성 분야에 대한 책임 및 권한을 말한다.

3. 작전통제권 환수

1950년 7월 14일 맥아더 장군에게 위임되었던 작전통제권을 1994년 第26차 SCM(한 · 미 군사위원회 회의)에서 평시 작전통제권을 한국군에게 이양하는 「전략지시2호」를 연합사령관에게 하달함으로써 1994년 12월 1일 부로 한국 합참의장이 평시 작전통제권을 행사하게 되었다. 그러나 연합권한위임사항(CODA) 6가지 사항에 대해서는 평시에도 계속 연합사령관이 행사한다.

◉ 연합권한 위임사항(CODA)

1. 전쟁억제, 방어, 정전협정 준수를 위한 한·미 연합 위기관리
2. 전시 작전계획 수립
3. 한·미 연합 위기관리
4. 한·미 연합 3군 합동훈련 및 연습의 계획과 지시
5. 조기경보를 위한 한·미 연합 정보관리
6. C4I 및 상호 운용성 등의 전시업무를 수행하기 위해 연합사가 평시 준비해야할 사항에 대한 권한행사

전시 작전통제권은 2010년 6월 한·미 정상이 합의하여 2015년 12월 1일 부로 한국군에게 전환하기로 하였다. 이렇게 되면 65년 만에 미군으로부터 한국군으로 작전통제권이 이양되어 독자적으로 계획의 수립과 발전, 훈련 등을 실시할 수 있게 되며, 하루 속히 전시대비 임무수행태세를 완수할 수 있도록 배가의 노력이 요구된다.

제6장 세 력 균 형

제1절 정의 및 기능

1. 세력균형(Balance of power)의 정의

국가 안전보장을 유지하기 위한 방법 중에 세력균형 이론이 있다. 약한 국가는 안전을 잃을 수도 있고 멸망할 수도 있다. 이런 상황이 발생하지 않도록 국가들은 다른 국가들과 결집하여 지배적인 국가와 힘의 균형을 이루려고 노력한다. 세력균형의 정의는 “국제 관계에 있어서 어떤 한 국가가 다른 국가들을 압도할 만큼 강대하게 되지 않도록 서로 다른 국가와 결집하여 힘의 균형을 이루는 것”이다.

2. 세력균형의 기능

세력균형의 기능으로는 크게 보아서 다음과 같은 세 가지로 나누어 볼 수 있다.

가. 평화유지기능

현상유지 또는 평화유지기능은 특정한 국가가 현상을 근본적으로 변혁하여 우월한 세력을 형성하려 하거나 세계제패를 시도할 때는 반드시 그것에 반대하는 국가들의 단합을 초래하게 되며 그들의 대동단결에 의해 그런 침략기도가 일반적으로 좌절된다. 이 때 그것은 정치적 관계를 안정화시키는 현상유지 또는 평화유지의 기능을 영위한다. 그러나 세력균형에 의해 형성되는 평화는 본질적으로 일시적이며, 불안정한 평화에 지나지 않는다.

그 이유는 ㉠ 국제사회는 아직도 초국가적인 통합적 권력조직을 갖고 있지 않다. ㉡ 국력은 고정적인 것이 아니고 가변적이라는 데 문제가 있다. ㉢ 모든 국가는 자국중심주의로 세력을 생각하고 있기 때문이다.

나. 독립보장기능

수개의 강대국이 특정한 약소국에 대하여 일단 타협하는 때에는 그 상대국은 중립국으로서 그 존립을 유지, 독립을 보장받을 수 있다. 물론 강대국 간의 타협이 약소국을 분할, 정복하는 경우도 있기는 하지만, 그와 반대로 약소국의 독립을 보장하는 건설적인 기능도 발휘한다.

그러나 이러한 타협이 성립되기 위해서는 ㉠ 특정한 국가(국가군)가 그 대상을 독점적으로 지배하는 데 대하여 여타 관계국이 반대할 뿐만 아니라 그 지배에 관해 합의에 도달하지 못한다는 조건이 필요하고, ㉡ 어떤 국가도 그 대상을 지배하는 것을 절대적인 요청으로 하지 않아야 한다는 두 가지 조건이 구비 되었을 때 비로소 강대국들 간에는 합의가 성립될 수 있고, 대상국의 중립화가 가능하게 된다.

다. 전쟁방지기능

세력균형의 기능으로서 국가 간의 전쟁을 방지할 수 있다는 전쟁방지기능을 거론할 수 있으나 세력균형이 진실로 전쟁을 방지할 수 있느냐에 대해서는 의견이 상이하다.

세력균형이 전쟁을 방지할 수 있다고 보는 사람들은 세력균형의 참가자가

각기 정치적 독립과 영토보전을 유지할 수 있는 한, 전쟁을 야기하지 않으리라 보고 있는 반면에 세력균형이 전쟁을 방지할 수 없다고 보는 사람들은 세력균형이 단기적으로는 평화를 유지할 수 있으나 장기적으로는 평화를 유지할 수 없다는 것이다.

제 2 절 세력균형 유형 및 방법

1. 세력균형의 유형

가. 모겐소의 분류

(1) 직접대립형(The pattern of direct opposition)

직접대립의 형태란 A국가와 B국가(또는 2개 국가군)가 직접적으로

대립함으로써 형성되는 세력균형상태를 말한다. 양국이 거의 동등한 세력을 가지고 직접적으로 대립하고 있을 때 A국이 B국에 대하여 현상타파(revolutionary)를 통해 패권을 장악하려 한다면, B국은 A국에 대하여 현상유지(status quo)를 위하여 대항하거나 아니면 더 나아가 스스로 패권을 장악하기 위하여 A국의 정복에 나설 수도 있다.(대표적인 예 : 1950년대 미·소의 세력각축전, 제1차 세계대전 전의 삼국동맹 대 삼국협상, 제2차 세계대전 전의 구축국 대 연합국의 경우). 이러한 직접대립형을 체제론자들은 양극체제라 한다.

(2) 상호경쟁형(The pattern of competition)

상호경쟁형은 A, B, C의 삼국(또는 3개 국가군)이 통합적인 권력조직을 형성하지 않고 거의 동등한 세력을 향유하면서 서로 대립하고 있는 여러 가지 균형상태를 말하는 것이다. 이 형의 특색은 균형자가 존재한다는 데 있다. 예컨대 제1차 세계대전 중 미국의 경우 삼국협상과 삼국동맹 사이에서 전쟁 초기에는 중립을 지켰다. 당시 미국의 세력은 실제에 있어서 양 교전국가군의 관계에서 결정적인 역할을 할 수 있을 정도였고, 미국이 연합국축(삼국동맹 측)에 결국 가담함으로써 연합국의 승리를 가져온 것이다. 체제론적 관점에서 볼 때 상호경쟁형은 다극체제의 유형에 들어간다고 할 수 있는바, 이 경우에 있어서 핵은 물론 세력의 중심을 의미하는 것이다.

나. 하르트만의 분류

(1) 균형자형(Balancer form)

균형자형은 고전적 세력균형 모델에 속하는 것으로 단순한 세력균형 또는 2개 블록형에 균형자가 가해짐으로써 어느 한 쪽이든 균형을 파괴하려는 행위자에 반대하여 약자와 합세함으로써 그 체제에 대해 신축성을 부여함과 동시에 균형체제를 유지시키려는 형태이다.(예 : Pax Britanica라 불리우던 19세기 유럽의 세력균형체제가 영국의 균형자 역할에 의한 것임).

(2) 비스마르크형 또는 복합형(Bismarckian or complex form)

이 형태의 세력균형 모델은 타국들의 상반되는 이해관계를 교묘히 이용함으로써 신축성 있는 복합동맹체제를 구축하고 이러한 동맹체제를 중심으로 하여 잠재적인 침략자를 고립시키고 견제함으로써 전쟁을 방지하는 방법이었다. 이 균형모델은 힘의 변화와 이익의 상충양상을 면멸히 분석, 검토함으로써 사태변동에 대처하여 새로운 동맹 패턴을 재생시키고 복합동맹체제를 세련된 외교로 운용함으로써 국제정치의 동태적 상황에 대처하는 것을 기초로 하고 있다.(예 : 비스마르크 외교나 닉슨 외교의 기본구조).

(3) 뮌헨시대형(Munich era form)

이 형은 잠재적이고 예상될 수 있었던 침략의 피해국들이 그들의 이해관계와 이익을 조정, 협동하는데 실패함으로써 세력균형체제에 도전하는 침략국을 억제할 수 없는 상태의 수준으로 세력균형이 악화된 상황이다.

(4) 빌헬름형 또는 냉전형(Wilhelmian or Cold war form)

양극체계(simple balance of power 또는 bipolarity)의 형태를 지칭하는 것으로 단순한 세력균형체계나 양극체계는 그 체제에 속하는 행위자군이 서로를 억제함으로써 유지되는 힘의 균형형태이다. 따라서 그것은 양 진영이 상호규제하고 억제함으로써 체제유지가 가능한 견고한 체계인 것이며, 이러한 형태의 세력균형은 냉전기의 체계였다고 볼 수 있다.

이상의 모델 중에서 일반적으로 전문가들이나 정책결정자들은 하르트만의 제1형인 균형자형과, 제2형인 비스마르크형(복합형)을 이상적인 모델로 이해하고 있다.

2. 세력균형의 방법

세력균형을 이루는 방법으로는 크게 보아서 자기를 강화하는 방법, 적을 약화시키는 방법, 어느 쪽도 더 강해지지 못하게 하는 방법 등을 일반적으로 상정해 볼 수 있다. 이들의 방법을 구체화시켜 보면 다음과 같다.

가. 분할과 지배(Divide and rule)

자국의 적이나 경쟁상대국이 더 강해지지 못하도록 하기 위하여 분할해 두는 경우이다. 이 방법은 세력을 절대적으로 약화시킴으로써 또는 열등한 상태를 지속하게 함으로써 자국의 세력을 상대적으로 강화하려는 경우에 해당된다. 이러한 방법은 현대 국제정치에서도 채택되었던바, 미·소가 상대 진영국가 간의 분열, 이간을 획책하거나 상대진영 내 국가의 혁명이나 반혁명을 지원한 경우에 나타났으며, 전후 연합국이 독일을 분할시킨 후 재통일을 암암리에 반대해 왔던 것이 그 전형적인 예이다.

나. 보상(Compensations)

보상이란 것은 세력균형을 유지하는 방법으로서 보통 영토의 분할 혹은 병합 등을 말한다. 즉 대립하고 있는 국가 중의 한 국가가 새로이 영토나 권익을 취득하였을 때 관계국이 거의 같은 면적의 영토나 거의 같은 권익을 균등하게 분배함으로써 각기의 세력을 전과 같이 유지하는 방법인 것이다. 이것은 상호 간의 타협에 의하여 실현되는 경우도 있고, 권익을 제공한 국가에 대하여 압력을 가함으로써 실현되는 경우도 있으며, 분배의 대상이 된 영토는 세력균형 참가자의 하나일 수도 있고 세력균형체제 밖에 있는 영토일 수도 있다. 이러한 보상의 방법은 19세기와 20세기 초에 이르러 식민지 영토의 분배와 식민지 혹은 반식민지의 세력범위의 확정에 적용된바, 대표적으로 아프리카는 이 시기에 주요 식민지 열강의 세력범위를 획정하는 무수한 조약의 대상이 되었던 것이다.

다. 군비증강과 군축(Armament and disarmament)

안정된 세력균형은 군비증강경쟁(armaments race)을 종결시키고 적대국간의 조화된 군비의 감축이 있을 것이라고 상정할 수 있다. 그러나 세력균형을 유지하기 위해 사용할 수 있는 가장 효과적인 수단 중의 하나는 군사력이므로 대립하는 국가 간에 상대국의 국력과 동등한 군사력을 유지하거나 능가하기 위하여 자국의 유리한 세력관계를 누리려고 국가 간에는 으레 군비증강현상이 나타나게 된다. (예 : 제1차 세계대전 전의 영 · 독 간의 해군력경쟁, 프 · 독 간의 육군력경쟁 및 제2차 세계대전 후 미 · 소 간의 군비경쟁 등). 하지만 이런 군비증강은 다른 한편으로는 군비축소의 필요성도 절감시키게 되는바, 그 이유는 여러 가지가 있겠으나 우선 국가재정에도 한계가 있고, 군사비 지출은 상호간 재정을 압박하는 관계로 경우에 따라서는 관계국 간에 군축에 합의를 보는 수도 있다(역사적인 예로 1922년의 워싱턴해군조약을 비롯하여 최근의 NPT, SALT, INF협정 등이 있음).

라. 간섭과 불간섭(Intervention and nonintervention)

간섭과 불간섭의 방법은 세력균형이 잡힌 위치에 있는 국가에 의하여 사용되었으며, 간섭은 중립으로부터 미미한 탈선의 여러 가지 방편이며, 전통적인 의미에서는 주요 전쟁에 전면적으로 참여하는 것이다. 불간섭은 일반적으로 소국에 의하여 추종되는 정책 종류로서 간섭을 하지 않는 것을 의미하는 것으로 결국 중립을 암시하는 것이다.

마. 동맹(Alliances)

국제사회에서 각국이 그 안전을 위해 취할 수 있는 방법 중에서 가장 효과적인 방법의 하나가 동맹국을 얻는 방법이다. 동맹은 A국가가 B국과 세력경쟁을 하기 위하여 A처럼 B와 적대관계에 있는 다른 국가, 즉 C 혹은 D, 또는 C, D와 공동으로 세력을 규합하는 방법으로서 1970년 후반기에 중국이 소련에 대항하여 미 · 일 · 중의 3국 제휴를 제창한 것은 극동에 있어서의 4강의 세력균형체제에 있어서 자국의 세력을 보완하기 위한 것이었다. 동맹의 종류로는 동맹의 목적수행에 필요한 지리적 범위(scope), 동맹참가자의 수(number), 이익의 성격(benefit), 동맹의 형태(form), 동맹참가자의 국력(power)에 따라 여러 가지가 있다.

바. 완충국가

세력균형은 양극화된 세계에서는 불안하다. 중립지역과 완충지역 없이 적대관계가 서로 직접 접촉하는 것을 피하기 위하여 완충국의 존재 의의가 있다. 완충국은 약소국이 서로 우호관계에 있지 않는 강대국 간에 위치하여 완충역할(cushioning effect)을 함으로써 강국 간의 분쟁을 감소시키고 해소시키는 비교적 명예스러운 기능과 역할을 한다. 예로서 아프가니스탄은 19세기 말 영국과 소련 세력의 인도양에서의 직접대결을 완화시켜 주는 완충역할을 하였다.

제7장 집단안보와 집단방위

제1절 집단안보와 집단방위의 개념

1. 집단안보(Collective security)의 개념

세계의 각국들은 제1차 세계대전(1914~1918년)과 제2차 세계대전(1939~1945년)을 치르면서, 막대한 인명피해와 재산피해를 겪게 되었다. 따라서 세계의 여러 나라들은 전쟁예방과 평화유지를 위해 범세계적인 집단안보기구의 창설이라는 필요성이 요구되었다. 집단안보란 "집단에 소속된 한 국가가 타 국가로부터 침략을 받았을 경우, 다른 모든 회원국들이 집단적으로 이를 응징하겠다는 협정에 의해 창설된 집단안보기구로 응징하여 평화를 유지하는 것"이다. 이렇게 볼 때 집단안보는 동맹의 개념이 범세계적으로 확대된 것으로 볼 수 있다.

2. 집단방위(Collective defense)의 개념

집단방위란 사전에 보면 여러 나라가 협력하여 방위기구를 만들어 서로의 안전보장을 보장하는 일이라고 되어 있으며, 집단방위조약이란 국제연합헌장에 의거 결정된 집단적 자위권에 의거하여 외부로부터의 무력공격에 대하여 몇 개의 나라가 공동으로 방위할 것을 결정한 조약으로 한·미 상호방위조약, 미·일 안전방위조약 등이 있다. 집단방위(Collective defense)는 동맹의 개념이 지역적으로 확대된 것이라고 할 수 있다.

제 2 절 집단안보 및 집단방위기구와 차이점

1. 집단안보와 집단방위기구

가. 집단안보기구

범세계적인 동맹인 집단안보기구에는 국제연맹과 국제연합(UN)이 있다.

국제연맹은 제1차 세계대전에서 승리한 연합국을 주축으로 국제 평화와 안전을 유지하고 경제적 · 사회적 국제협력을 증진시킨다는 목적으로 1920년 설립되었다. 설립 구상은 대전 중에 영국과 프랑스에서 이미 진행되었으나, 미국 대통령 토마스 윌슨(Thomas Woodrow Wilson)이 1918년 1월 〈평화를 위한 14개 조항〉에서 제창하면서 표면화되었다. 1919년 1월 개최된 파리강화회의(파리평화회의)에서 집단안보와 국제분쟁의 중재, 무기감축, 개방외교를 원칙으로 하는 연맹의 규약을 정하고 본부는 스위스의 제네바에 두었다. 성립 후 10년간 국제평화와 안전을 위하여 순조롭고 효과적으로 운영되었으며, 국제협력 분야에서는 상당한 성과를 올렸다. 그러나 1930년대 들어 독일 · 이탈리아 · 일본 · 소련 등의 침략행위에 대하여 합당한 조치를 취할 수 없을 정도로 약화되었다. 즉, 제창군인 미국이 베르사유조약에 대한 의회의 인준거부로 인하여 처음부터 불참하였고, 영국 · 프랑스 간의 이견이 많았으며, 신흥 군국주의 세력의 도발에 대하여 집단적인 제재능력을 갖지 못하였다. 일본의 만주 · 중국 침략, 이탈리아의 에티오피아 침략, 독일의 베르사유조약 거부를 막지 못한 국제연맹은 제2차 세계대전의 발발과 함께 스스로 붕괴되었다. 1946년 4월 18일 개최된 연맹총회에서 해체를 결의하고, 국제연맹의 구조와 형식, 목적을 이어받은 국제연합을 발족시켰다.

국제연합은 1946년 붕괴된 국제연맹을 계승한 것으로 유엔(UN : United Nations)이라고도 한다. 이 명칭은 미국 대통령 프랭클린 루스벨트(Franklin Delano Roosevelt)가 고안한 것이며, 제2차 세계대전 중 26개구 대표가 모여 주축국에 대항하여 계속 싸울 것을 결의하였던 1942년의 '연합국 선언'에서 처음 사용하였다. 1945년 샌프란시스코에서 개최된 '국제기구에 관한 연합국 회의'에 참석한 50개국 대표는 1944년 덤바턴오크스에서 회합한 미국 · 영국 · 중국 · 소련 등 4개국 대표가 합의한 초안을 기초로 국제연합헌장을 작성하였다. 50개국 대표는 1945년 6월 26일 국제연합헌장에 서명했으며, 폴란드가 추후 서명하였다. 국제연합은 미국·영국·프랑스·중국·소련과 여타 서명국 과반수가 국제연합헌장을 비준한 1945년 10월 24일 공식 출범하였으며, 이후 매년 10월 24일 국제연합의 날로 기념하고 있다. 본부는 미국 뉴욕시(市)에 있다. 주요 활동은 크게 평화유지활동·군비축소활동·국제협력활동으로 나눌 수 있으며, 주요기구와 전문기구·보조기구로 구성되어 있다. 주요기구에는 총회·안전보장이 사회·경제사회이사회·신탁통치이사회·국제사법재판소·사무국이 있다.

전문기구로는 ILO(국제노동기구), FAO(국제연합식량농업기구), UNESCO(국제연합교육과학문화기구), WHO(세계보건기구), IMF(국제통화기금), IBRD(국제부흥개발은행), IFC(국제금융공사), IDA(국제개발협회), ICAO(국제민간항공기구), UPU(만국우편연합), IMO(국제해사기구), WMO(세계기상기구), ITU(국제전기통신연합), WIPO(세계지적소유권기구), IFAD(국제농업개발기금),UNIDO(국제연합공업개발기구)가 있으며 그 외에 전문기구는 IAEA(국제원자력기구), WTO(세계무역기구)가 있다. 보조기구로는 국제연합개발계획, 국제연합환경계획, 국제연합난민고등판무관, 국제연합인권 고등판무관, PKO(평화유지활동) 등이 있다. 2001년 세계평화에 기여한 공로가 인정되어 전 국제연합 사무총장 코피 아난과 공동으로 노벨평화상을 받았다. 2007년 1월 한국인 최초로 반기문 국제연합 사무총장이 취임했다.

나. 집단방위기구

지역적 동맹인 집단방위기구에는 NATO, WTO, SEATO, ANZUS, CENTO 등이 있다.

(1) NATO(North Atlantic Treaty Organization, 북대서양조약기구)

2차 세계대전 후 동유럽에 주둔하고 있던 소련군과 군사적 균형을 맞추기 위하여 1949년도 체결된 서유럽 국가들의 집단방위조약이다. 1991년 소련이 붕괴로 WTO(Warsaw Treaty Organization)가 해체된 후 체코·폴란드·헝가리·루마니아·불가리아·알바니아 등 동유럽 국가들이 새로운 회원국으로 가입하였으며,

NATO는 군사동맹 차원을 넘어, 유럽의 국제적 안정을 위한 정치기구로 변화를 시도하고 있다.

(2) WTO(Warsaw Treaty Organization, 바르샤바조약기구)

2차 세계대전 후 서독의 재무장가 NATO에 대항하기 위하여 소련을 비롯한 동유럽 8개국이 폴란드 바르샤바에 모여 1955년 체결한 집단방위기구이다. 1991년 소련의 붕괴로 1991년 4월 1일 WTO가 해체되었다.

(3) SEATO(South-East Asia Treaty Organization, 동남아시아조약기구)

1954년 필리핀 마닐라에서 결성된 동남아시아 집단방위기구이며, 가맹국은 미국, 영국, 오스트레일리아, 뉴질랜드, 태국, 필리핀, 파키스탄 등 8개국으로써 1977년에 해체되었다.

(4) ANZUS(Australia, New Zealand, United States Security Treaty, 태평양안전보장조약)

1951년 오스트레일리아(A), 뉴질랜드(NZ), 미국(US) 3개국 간의 ANZUS 조약이 체결되었다. 1985년 뉴질랜드 의회에서 미국의 핵적재함 기항 금지법이 통과되어 현재 ANZUS 조약은 심각한 사태에 놓이게 되었다.

(5) CENTO(Central Treaty Organization, 중앙조약기구)

1959년 중동지역에 대한 소련의 세력확장을 견제하기 위하여 영국, 이란, 파키스탄, 터키, 미국(옵저버)이 체결하였다. 아랍권의 민족주의 부활 문제로 이란, 파키스탄, 터키가 탈퇴함으로써 1979년 해체되었다.

2. 집단안보와 집단방위의 차이점[8)]

구 분	집단안보(UN)	집단방위(NATO 등)
가상적 유·무	없음	있음
유사시 적 위치	내부	외부
조직의 개방성	개방적	폐쇄적
참가 범위	범세계적	지역적
참여의 적극성	소극적	적극적
작전통제권	UN(특정국가 위임가능)	주도국

집단안보는 가상적이 없으며, 유사시 적의 위치는 내부에 있다. 그러나 집단방위는 가상적이 있으며, 유사시 적의 위치는 외부에 있다. 조직의 개방성 측면에서 볼 때 UN과 같은 집단안보기구는 회원국이 가입 및 탈퇴가 비교적 개방적인 반면 NATO와 같은 집단방위기구는 회원국 가입을 제한하는 폐쇄형이다. 참가 범위 측면에서 볼 때 집단안보기구는 범세계적 차원이나 집단방위기구는 지역적 차원이다. 회원국들 참여의 적극성 면에서 집단안보는 집단방위에 비하여 소극적이며, 작전통제권이 집단안보는 UN에게 있으나 집단방위는 기구를 주도하고 있는 주도국에 있다.

8) 김열수, 「국가안보」, 2010, 법문사, P.288

제8장 다자안보협력

제1절 개 요

다자안보협력이란 "지역 내 국가들 간에 불화를 청산하고 화해와 협력을 통하여 분쟁예방, 위기관리, 분쟁의 평화적 해결, 공동 번영을 도모하며, 무력·경제 제재 등 조치를 배제하고 대화를 통해 안보현안을 해결하기 위해 등장한 안보방법"이다. 다자안보협력의 개념에는 공동안보(Common security), 협력안보(Cooperative security), 포괄안보(Comprehensive security) 등이 있다.

제2절 공동안보

1. 개념

공동안보라는 용어가 등장하게 된 것은 1982년 스웨덴 총리 팔메(Palme)가 창립했던 「팔메위원회」가 핵전쟁 발생의 위험성을 경고하고, 핵전쟁으로부터 인류의 공멸을 극복하기 위하여 '적과의 동침'을 강조하면서 이다.

공동안보 개념은 "적과의 공존을 통해야만 국가안보를 달성할 수 있다는 가정하에 적대국의 존재를 인정하고 적대국의 안보도 보장함으로써 전쟁의 위험을 줄이고 자국의 안보도 달성하는 공동 생존의 개념"이다.

2. 핵심 내용

공동안보를 달성하기 위해서는 상호 간에 '전쟁준비태세를 방어적 태세'로 바꾸고, '군사력 수준도 최소한의 억제수준'으로 낮추어야 한다. 여기서 방어적 태세란 군사력을 선제공격을 하여 전쟁에서 승리하기 위한 수단이 아니라 전쟁을 예방하고 방어하는 수단으로 사용하는 것을 말하며, 방어위주 무기체계로의 전환, 군비통제 등의 방법이 있다.

또한 군사력 수준을 최소한의 억제수준으로 낮추어야 한다는 의미는 상대방 핵공격을 억제할 수 있도록 최소한의 보복능력을 보유하는 것을 말하며, 재래식 군사력의 경우는 영토를 방위할 수 있는 정도의 군사력을 말한다.

3. 공동안보의 사례

소련의 고르바초프는 개혁과 개방을 주장하면서 미국과의 관계 개선을 기하였다. 미국과 소련은 1991년 7월 전략무기감축협정(START)에 서명하였다. 주요 내용은 향후 7년 이내에 전략 핵탄두, 탄두미사일, 전략폭격기 등을 현재의 1/2 수준으로 감축한다는 것이다. 이에 따라서 소련은 우크라이나, 벨로루시, 카자흐스탄에 있던 전술 및 전략 핵무기를 철수 후 파괴시키고, 미사일 발사대를 해체하였고 미국의 부시 대통령도 핵탄두와 전술 핵무기를 미국으로 철수 후 파괴하고 전략폭격기의 일일 경고임무와 대륙간 탄도탄의 경고임무를 해제하였다.

제3절 협력안보

1. 개념

협력안보 개념이 등장하게 된 것은 범세계적으로 발생하는 안보위협을 보면 2011년 3월 동일본 대지진과 쓰나미로 인하여 후쿠시마 원자력 발전소 폭발에 따른 방사능 누출과 대량살상무기 확산, 테러, 해적, 전염병(SARS, 신종플루) 등과 같은 초국가적 위협이 발생함에 따라 개별 국가의 힘으로는 해결할 수 없고, 국가 간 협력이나 초국가적 기구를 통해서만 해결할 수 있는 시대적 요구에 의해서 등장하게 되었다고 볼 수 있다.

2. 협력안보의 특성

가. 예방 외교를 중요시 한다.

국가 간에 위협을 예방하기 위하여 사전에 타 국가를 방문하여 대화와 협력을 함으로써 군사적 위협과 비군사적 위협을 감소시킬 수 있으며, 상대국의 군사력 운용에 대한 투명성과 예측가능성을 높여서 기습공격의 위험을 줄일 수 있다.

나. 안보체제 구축을 필요로 한다.

협력안보가 지향하는 궁극적인 장치는 안보체제 구축이라고 볼 수 있다. 안보체제 구축을 위해서는 관련 국가들이 현상 유지에 만족해야 하며, 체제를 신뢰하고 가치가 있다고 확신하며, 전쟁 소요비용과 개별 안보 소요비용이 더 많이 지불될 것이라는 믿음이 있어야 한다.

다. 협력국가들이 자신 이익을 최소화하려는 노력이 필요하다.

안보협력기구가 구성되기 위해서는 관련국들이 자신의 이익을 최소화해야 상대국가 손실도 최소화 될 수 있다는 것을 알고 노력해야 한다.

3. 협력안보의 사례

협력안보의 사례는 1994년도에 체결된 유럽안보협력기구(OSCE)와 아시아지역안보포럼(ARF) 등이 있다.

가. 유렵안보협력기구(OSCE)

유럽안보를 위한 협력안보체제로, 1994년 전 유럽 국가와 미국, 캐나다 등 5개국을 회원국으로 탄생하였다. 1975년 핀란드 헬싱키에서 냉전시대의 동·서 진영 간 대화 증진 및 인권 보호를 논의하기 위해 창설된 유럽안보협력회의(CSCE)가 전신이다. OSCE(Organization for Security and Cooperation in Europe)는 1994년 헝가리 부다페스트 정상회담에서 상설기구화 되었으며 유럽의 민주주의 증진과 무기통제, 인권보호, 긴장완화, 전쟁방지가 목적이고, 사무국은 오스트리아 빈에 있다. 우리나라는 1994년부터 아시아 협력 동반자 국가자격으로 참가하고 있다.

나. 아세안안보포럼(ARF)

(1) 개요

아세안지역안보포럼은 정치, 안보 문제에 대한 아시아, 태평양 지역 역내국간 대화를 통해 상호신뢰와 이해를 제고함으로써 아·태 지역의 평화와 안정을 추구하는 아·태 지역 내 유일한 정부 간 안보협의체이다. ARF 참가국은 22개국으로, 이 국가들은 인도네시아, 브루나이, 말레이시아, 베트남, 싱가포르, 필리핀, 태국, 라오스, 미얀마 등 동남아시아 9개국, 그리고 한국, 미국, 일본, 캐나다, 호주, 뉴질랜드, EU의장국, 중국, 러시아, 인도 등 아세안 대화상대국 10개국과 몽골 그리고 옵저버국인 파푸아뉴기니, 캄보디아이다.

ARF는 사무국이 없으며 1년에 한번 외무장관회의와 고위관리회의(SOM : Senior Officials' Meeting)를 개최하고 신뢰구축, 재난구조, 평화유지, 수색 및 구조 분야에서 협력방안을 논의하기 위해 회기간 회의(Inter-Sessional Meeting)와 핵 비확산, 예방외교에 대한 세미나를 개최하고 있다. 아·태 지역은 종교, 언어, 사고방식, 정치제도 그리고 경제발전 정도에 있어서 다양한 차이가 있는 나라들로 구성되어 있어서 이들 국가들이 한 자리에서 같이 정치, 경제협력방안을 논의하는 것이 쉽지 않았으나, 1989년에 아·태 경제협력체(APEC)의 창설로 역내국가간 경제협력이 본궤도에 진입하게 된데 이어 1994년에는 아세안지역안보포럼(ARF)의 출범으로 아·태 지역 역내국가간 치, 안보 분야에서의 협력방안을 논의할 수 있게 되었다.

(2) 출범

아세안지역안보포럼은 1992년 1월 싱가포르에서 개최된 제4차 아세안 정상 회의에서 아세안 확대 외무장관회의(PMC : Post Ministerial Conference)의 틀을 활용하여 아세안과 역외국가들간 정치, 안보 대화를 증진키로 합의하였고 1993년 7월 싱가포르에서 개최된 18개국 외무장관회의에서 아·태 지역 정치 및 안보협력문제에 대한 협의체를 개최키로 합의함에 따라 1994년 태국에서 역사적인 출범을 하였으며 1995년에 캄보디아, 1996년에 인도, 미얀마, 1998년에 몽골이 신규 가입하여 회원국이 22개국으로 늘어났다.

(3) 추진 방향

ARF 회원국 외무장관들이 합의한 ARF의 구체적인 발전방향은 먼저 ARF를 참가국간 신뢰구축 증진(제1단계), 예방외교 발전(제2단계), 분쟁해결 모색(제3단계) 등 3단계 추진방식에 따라 점차적으로 발전시켜 나가되 이중 신뢰구축 조치와 예방외교가 중복되는 부문은 중첩적으로 병행해서 추진하는 것이다.

(4) 주요 활동 사항

ARF는 북한 핵문제, 4자회담, 남중국해문제 등 지역 안보정세와 화학무기 금지, 핵 군축, 대인지뢰 등 아·태 지역 내 군축문제를 논의하고 있다. ARF 외무장관회의 후 차기회의까지의 기간 동안 신뢰구축, 평화유지, 수색 및 구조, 재난구조에 대한 회기간 회의와 예방외교, 비확산 분야에 대한 세미나를 개최하여 구체적인 협력방안을 논의하고 있다. 특히 신뢰구축에 관한 회기간 회의에서는 아·태 지역 국가 간의 신뢰증진을 위하여 고위인사 교류, 사관학교 및 참모학교 간 교류, 유엔 재래식무기 이전등록제도 참여, 자국 구방정책에 대한 백서 발간 등을 장려하고 있다.

제4절 포 괄 안 보

1. 개념

21세기 냉전시대가 종료됨에 따라 비군사적 분야가 안보에 미치는 영향이 더욱 커졌다. 국가안보 위협이 군사 분야 뿐만 아니라, 정치, 경제, 사회, 문화, 과학기술, 환경 등 비군사적 분야를 포함하게 됨으로써 국가안보 개념이 변화되었다. 즉 군사적 위협뿐만 아니라 국경을 초월한 국제범죄, 전염병, 테러, 해적, 환경파괴, 에너지문제, 등과 같은 국가와 국민의 생명과 안전을 위협하는 초국가적 위협이 등장함으로써 21세기는 포괄적 측면에서 국가안보가 이루어져야 한다는 것이다.

2. 포괄안보 태세유지

군사 위협뿐만 아니라 비군사 위협 등 모든 분야 위협으로 국가안보를 유지하기 위해서는 군인뿐만 아니라 국민 모두가 투철한 안보 의식을 갖고 국가안보태세를 유지해야 한다. 이렇게 국가안보는 민·군이 책임지고 수행해야 할 사활이 걸린 극히 중요한 문제라는 인식 하에 안보의식을 높여야 한다.

국가안보 의식고취 방안은 다음과 같다.

첫째, 국가안보와 개인의 관계 설정이다. 사적인 것보다는 공적인 것을, 개인보다는 대를 위해서 국가를 우선시하는 건전한 민주시민으로 거듭나야 한다. 특히 민주화 과정에서 잘못 도입된 불법적이고 집단 이기주의적인 시위 문화부터 근절시켜야 한다. 현재 우리 사회가 안고 있는 폭력적인 시위 문화의 확산은 국가안보의 위협적인 요소인 만큼 정부는 선진국처럼 불법에 대해서는 단호히 대처해야 한다.

둘째, 국가안보의 주체는 국가이며 그 객체는 외부적 위협임을 명심해야 한다. 현실적으로 우리의 최대 안보 위협은 무엇인가, 북한에 의한 군사적 위협을 빼놓을 수 없다. 북한의 위협이 상존 불변인 동북아 국제안보환경 현실을 전제할 때, 그런 위협의 성격과 강도에 적절한 대응 수단을 갖추어야 한다. 또 미·일 군사동맹 강화와 중국의 신 패권주의가 한반도를 둘러싸고 있는 역학관계를 고려할 때, 한반도의 평화와 통일을 위해서는 한·미 동맹관계의 유지, 발전과 병행을 통한 자주국방이 국가 안보의 현실적 선택이자 그 어느 때보다 최우선 국가 전략임은 자명한 사실이 아닐 수 없다.

제9장 군 비 통 제

제1절 군비통제 개념 및 기구

1. 군비통제(Arms control)의 개념

국가안보를 유지하기 위한 방법으로 군사력을 건설하는 방법과 위협을 줄이는 방법이 있다. 군사력을 건설하는 방법은 적대국의 위협에 대한 대응전력을 확보하여 전쟁을 억제하는 방식이고 위협을 줄이는 방법은 긴장완화와 평화정책을 통하여 모색하는 방법이다. 군비통제는 위협을 줄이는데 목적을 두고 있다.

군비통제란 "군사력의 운용과 구조(병력, 무기)를 통제하고 합의사항 위반을 제제함으로써 전쟁위험과 부담을 제거 또는 최소화시켜 안보를 증대시키는 모든 노력"을 말한다. 군비통제는 군비감축(축소), 군비제한, 군비해제, 신뢰구축조치, 군비동결 등의 개념을 포함한 포괄적인 개념이다.

2. 군비통제와 관련된 용어 정의

가. 군비 감축(군비 축소)

잠재 적대국과의 상호 협의 하에 군비를 감축하거나 자체 결정으로 시행하는 감축

나. 군비 제한

특정 또는 비특정 기간의 군비 수준을 어떤 일정 규모 이상으로 늘리지 않도록 규제하는 것

다. 군비 해제

군비를 완전히 제거하거나 폐지하는 것

라. 신뢰구축 조치

국가 상호간 오해, 불신에서 오는 군사적 위협 또는 불안 요소를 제거하기 위해 상호 정보교환, 군사적 활동, 군사력 사용 가능성을 제한하는 활동으로 상대방 군사 행동의 예측가능성을 제고시켜 전쟁 위험의 감소와 위기관리를 향상시키려는 제반 조치

3. 군비통제 협약 및 기구[9]

구 분		가입국 (발효·설립)	남북한 가입현황	주요 내용
유엔 관련 기구	유엔 총회 제1위원회 (First Committee)	192개 국 ('45.)	한 국 ('91. 9.) 북 한 ('91. 9.)	• 유엔 총회 6개 위원회 중 하나로 군축 및 국제안보 관련 의제 토의 • 매년 50~60여 개의 결의안 초안을 총회에 권고하여, 대부분 본회의에서 그대로 채택 • 모든 유엔 회원국으로 구성
	유엔 군축위원회 (UNDC : United Nations Disarmament Commission)	192개 국 ('52.)	한 국 ('91. 9.) 북 한 ('91. 9.)	• 군축·비확산 주요 이슈 3개를 심층적으로 검토하여 차기 유엔총회에 보고서 제출 • 주요 이슈에 대한 국제사회의 합의와 방향, 원칙 등을 도출해 내는 심의기구 • 유엔 회원국으로 구성
	군축회의 (CD : Conference on Disarmament)	65개 국 ('60. 3.)	한 국 ('96. 6.) 북 한 ('96. 6.)	• 국제사회에서 유일한 다자 군축 협상 기구 • 군축 관련 주요 다자조약이 거의 모두 CD에서의 교섭을 통해 탄생 • 유엔총회의 직속기구는 아니나 유엔 정규예산으로 운영되고, 독자적으로 의제 및 의사규칙 결정 • 매년 유엔총회에 정기보고서 제출
핵무기	핵확산금지조약 (NPT : Nuclear non-Proliferation Treaty)	190개 국 ('70. 3.)	한 국 ('75. 4.) 북 한 ('85. 12.)	핵무기의 확산을 방지하고 원자력의 평화적 이용 증진
	국제원자력기구 (IAEA : International Atomic Energy Agency)	151개 국 ('57. 7.)	한 국 ('57. 8.) 북 한 ('74. 6.) * '94. 6. 탈퇴	원자력의 평화적 이용을 촉진하고 군사적 목적으로 전용되지 않도록 국제협력 수행
	포괄적핵실험금지조약 (CTBT : Comprehensive Nuclear Test Ban Treaty)	182개 국 (미발효)	한 국 ('99. 9.)	핵무기 확산 방지를 위해 지하·수중·대기·우주 등 모든 지역에서 전면적 핵실험 금지
미사일	탄도미사일 확산방지를 위한 헤이그 행동규약 (HCOC : Hague Code of Conduct against Ballistic Missile Proliferation)	130개 국 ('02. 11.)	한 국 ('02. 11.)	탄도미사일 확산방지가 MTCR의 수출통제만으로는 한계가 있다는 인식하에 설립된 자발적인 통제 성격의 국제회의체 * 대량살상무기를 개발 또는 획득할 우려가 있는 국가들의 미사일 개발 계획 지원 금지
생물 화학 무기	생물무기금지협약 (BWC : Biological Weapons Convention)	163개 국 ('75. 3.)	한 국 ('87. 6.) 북 한 ('87. 3.)	생물무기(작용제 및 독소)의 개발·생산·비축을 전면 금지
	화학무기금지협약 (CWC : Chemical Weapons Convention)	188개 국 ('97. 4.)	한 국 ('97. 4.)	• 화학무기 개발·생산·비축·사용을 전면 금지 • 가입 후 10년 내 모든 화학무기를 폐기하도록 규정 * 불가피한 경우 5년까지 연장 가능('12.4.까지 폐기)

9) 「2010 국방백서」, 부록 p.313

구 분		가입국 (발효·설립)	남북한 가입현황	주요 내용
생물 화학 무기	화학무기금지기구 (OPCW : Organization for the Prohibition of Chemical Weapons)	188개 국 ('97. 5.)	한 국 ('97. 4.)	CWC 의무 이행의 확인 및 사찰을 위한 집행기구
재래식 무기	특정재래식무기금지협약 (CCW : Convention on Certain Conventional Weapons)	108개 국 ('83. 12.)	한 국 1,2의정서 ('01. 5.) 3의정서 ('08. 1.)	정식 명칭 : 과도한 상해나 무차별한 영향을 초래하는 특정 재래식 무기의 사용 금지 또는 제한에 관한 협약 – 제1의정서 : 엑스레이로 탐지 불가능한 파편무기 사용 금지 – 제2의정서 : 지뢰, 부비트랩 등의 사용 금지 또는 제한 – 제3의정서 : 화염무기의 사용 금지 및 제한 – 제4의정서 : 실명 레이저무기 사용 금지 – 제5의정서 : 전쟁잔류폭발물 규제
	유엔재래식무기등록제도 (UNRCA : United Nations Register of Conventional Arms)	173개 국 ('91. 12.)	한 국 ('93.)	• 재래식무기 수출입 실적 및 보유현황 등을 유엔에 등록 • 재래식무기 이전에 관한 정보공유 및 군비 투명성 제고를 통한 신뢰 증진
다자수출 통제체제	쟁거위원회 (ZC : Zangger Committee)	36개 국 ('74. 8.)	한 국 ('95. 10.)	• NPT 제3조 2항 규정에 따라, 안전조치를 따르지 않는 핵무기 비보유국에 대한 핵물질·장비의 수출금지의무를 이행하기 위한 수출통제체제 • NPT 회원국만 가입 가능
	핵공급국그룹 (NSG : Nuclear Suppliers Group)	45개 국 ('78. 1.)	한 국 ('95. 10.)	• 핵물질, 장비, 기술의 수출통제체제 • NPT 회원국이 아니라도 가입 가능 • NPT 회원국 여부와 관계 없이 모든 핵 비보유국에 대해 수출 통제 • 원자력 관련 이중용도 품목·기술 수출 통제
	호주그룹 (AG : Australia Group)	41개 국 ('85. 6.)	한 국 ('96. 10.)	화학·생물무기 관련 물품 및 기술 등이 우려국가로 확산되는 것을 방지하기 위한 활동
	미사일기술통제체제 (MTCR : Missile Technology Control Regime)	34개 국 ('87. 4.)	한 국 ('01. 3.)	대량살상무기를 운반할 수 있는 로켓, 무인비행체, 그리고 관련 장비·기술의 수출·이전을 자발적으로 통제하는 국제체제
	바세나르체제 (WA : Wassenaar Arrangement)	40개 국 ('96. 4.)	한 국 ('96. 4.)	재래식무기와 이중용도 품목 및 기술에 관한 수출통제체제
WMD 확산방지	대량살상무기 확산방지구상 (PSI : Proliferation Security Initiative)	95개 국 ('03. 6.)	한 국 ('09. 5.)	불량국가 및 테러집단에 의한 대량살상무기, 미사일 및 관련 물자의 불법거래를 차단하고 확산을 방지하기 위한 국제협력 활동

제2절 미국과 소련의 핵 군비통제

1. 개요

군비통제는 2차 세계대전 이후 냉전시대부터 시작되었다고 볼 수 있다. 미국과 소련을 중심으로 한 자유 진영과 공산 진영 간의 냉전이 세계 안보질서를 지배하게 되었다. 1960년대에 핵을 보유하고 있는 국가는 미국, 소련, 영국, 프랑스, 중국 등 5개국이었으며, 특히 미국과 소련이 절대적으로 많은 핵무기를 보유하고 있었다. 미국과 소련의 핵무기 군비통제는 이러한 핵 위협을 제한할 필요성을 느끼게 되어 시작되었다.

2. 핵 군비통제 역사

가. SALT-Ⅰ와 ABM 조약 : 1972년 체결

미국의 닉슨 대통령과 소련의 브레즈네프 수상이 탄도탄 요격미사일조약(ABM : Anti-Ballistic Missile)과 SALT-Ⅰ(Strategic Arms Limitation Talks)을 1972년 5월 26일 체결하였다. 탄도탄 요격미사일조약(ABM)은 적대국가의 대륙간 탄도미사일(ICBM), 잠수함 발사 탄도미사일(SLBM), 중거리 탄도미사일(IRBM) 등의 공격으로부터 도시와 탄도미사일 방어 진지를 방어하는 방공시스템으로써, 양 국가에 1개소씩만 구축하기로 하였다.

전략핵무기제한협정(SALT-Ⅰ)은 대륙간 탄도미사일(ICBM)과 잠수함 발사탄도미사일(SLBM)의 경쟁을 제한하기 위해 맺은 협정이며, 핵무기의 양적 제한만을 고려하고 질적 제한을 고려하지 않아서 추가적인 협상이 요망되었다.

나. SALT-Ⅱ : 1979년 체결

미국과 소련은 전략핵무기체제 전반에 제한을 가하는 협정의 필요성이 제기되어 1979년 SALT-Ⅱ 협정을 체결하였다. 양측 모두 전략폭격기와 전략미사일의 수를 1981년까지 각각 2,250개로 제한하기로 하였다.

다. START-Ⅰ : 1991년 체결

미국의 레이건 대통령과 소련의 고르바초프 수상은 핵무기 1/3 감축을 내용으로 하는 전략핵무기감축협정(START-Ⅰ)을 체결하였다.

START-Ⅰ(Strategic Arms Reduction Talks)은 핵무기의 양적 삭감과 질적 제한을 동시에 하기 위해 1991년도에 체결되었다.

라. START-Ⅱ : 1993년 체결

미국의 부시 대통령과 러시아 옐친 대통령은 핵무기 2/3 감축을 내용으로 하는 전략핵무기감축협정(START-Ⅱ)을 1993년도 체결하였다.

마. SORT : 2002년 체결

미국의 조지부시 대통령과 러시아 푸틴 대통령은 전략핵탄두를 1700~2200 기로 제한하는 전략적 공격무기감축조약(SORT: Strategic Offensive Arms Reduction Treaty)을 2002년도에 체결하였다.

3. NPT(핵확산금지조약)

가. 협약체결 배경

1945년 일본에 대한 미국의 핵폭탄 투하와 함께 시작된 핵 시대는 평화적 핵에너지와 광범위한 보급을 통해 새로운 에너지의 대안을 제시하는 동시에, 강대국에 의한 핵무기 경쟁과 핵확산 위협을 통해 인류와 지구의 존립을 위태롭게 하는 양면성을 포함하고 있다. 이러한 양면성 때문에 국제사회에서는 핵에 대해 이원화된 정책을 추구하여 왔다. 평화적 핵에너지에 대해서는 인류에 평화, 건강 및 번영을 안겨주는 존재로 보아 전 세계에 보급을 확대하고, 핵무기에 대해서는 인류를 파멸시킬 수 있는 위험한 존재로 보아 그 확산을 최대한 억제한다는 것이다.

NPT는 이와 같이 이원화된 국제 핵정책의 일환으로 핵무기 확산을 억제하기 위해 추진된 세계 최초의 다자조약(Multilateral treaty)이다. 제2차 세계대전 이후의 냉전체제 하에서 미국과 구소련은 핵무기 개발에서 서로 주도권을 잡기 위해 과도한 핵 군비 경쟁을 벌여왔으며, 군사원조라는 이름으로 각자의 우방국에 핵무기를 대량 배치하기에 이르렀다. 더욱이 영국, 프랑스와 중국이 핵실험에 성공하여 핵보유국의 대열에 합류함에 따라 국제사회에서는 핵확산으로 인한 핵전쟁 발발의 가능성에 대한 우려가 더욱 높아지게 되었다. 따라서 핵확산을 막기 위한 국제적 규제가 필요하다는 공감대가 널리 형성되기에 이르렀고, 그 결과 채택된 것이 NPT이다.

애초에 핵확산 방지안을 제시한 것은 아일랜드, 폴란드, 스웨덴 등의 국가였다. 이들 국가는 1956년 이래 각각 별도의 비확산안을 유엔에 제출하였으나, 미국과 구소련이 공동안을 마련하여 비핵국가들의 반발을 무마하고 1968년에 조약으로 채택하게 된 것이다.

나. NPT의 구성과 내용

NPT는 1968년 7월 1일 유엔에서 채택되어 1970년 3월 5일에 발효되었다. 이 조약은 핵무기 확산으로 인한 핵전쟁의 위험을 막기 위해 각국 간 핵 군비경쟁을 중지하고 핵 군비를 축소하고자 하는 데 그 목적이 있으며, 따라서 핵무기 제조를 금지하고 기존의 핵무기를 감축하는 것을 주된 내용으로 하고 있다. NPT는 조약전문(Preamble)과 11개 조항으로 구성되어 있다. 조약 제1조에 따르면 핵보유국은 핵무기 기타 핵폭발 장치나 그에 대한 관리를 이양하지 않고, 다른 국가의 핵무기 기타 핵폭발 장치의 제조, 획득, 관리를 지원하지 않도록 되어 있다. 제2조에 따르면 비핵국가는 어느 누구로부터도 핵무기 기타 핵폭발장치나 그에 대한 관리를 이양 받지 않고, 핵무기 기타 핵폭발 장치를 제조, 획득하지 않을 것을 약속하도록 되어 있다.

이들 규정에서 볼 수 있는 것과 같이 NPT는 조약당사국을 핵국가와 비핵국가로 구분하며, 비핵국가에 대해 어떤 경우에도 핵무기를 제조, 획득, 관리하거나 이양 받을 수 없도록 규정하는 반면, 핵국가에 대해서는 핵무기 이양이나 개발 지원만을 금지할 뿐이다. 다만 제6조에서 핵 군비경쟁 조기중지와 핵 군비축소에 관한 조치 및 군축조약에 관한 협상을 점진적으로 추구할 것을 약속하고 있다. 그러나 핵 군축에 관한 조치나 조약에 대해서는 아직 별다른 성과가 없으며, 핵확산금지나 핵무기의 완전한 부재도 실현되지 않고 있다. 이와 같이 NPT는 핵국가와 비핵국가 간의 차별적인 대우 위에 기초하고 있으며, 이러한 점에서 불평등조약이라는 비판을 받고 있다. 조약 제3조에는 비핵국가가 평화적인 핵에너지 이용으로부터 핵무기 기타 핵폭발 장치로 전환하는 것을 방지하기 위해 IAEA 규정에 따라 IAEA와 안전조치협정을 체결하고 사찰을 받도록 되어 있으며, 일체의 핵 원료물질이나 특수 분열성 물질의 생산에 대해 안전조치(Safeguard)를 적용하도록 요구하고 있다. 이 조항은 안전조치제도에 따르는 사찰을 명문화한 규정으로 비핵국가가 평화적 핵에너지를 이용하여 핵무기를 개발하지 못하도록 통제를 하고 있는 것이다. 우리나라도 이 조항에 따라 IAEA의 사찰을 받고 있다. 그러나 1974년 인도는 상업적 원자로에서 추출한 핵 원료를 이용하여 핵무기 개발에 성공함으로써 이 조항의 허를 찌른 바 있다. 미국은 인도의 핵실험 성공 이후 핵불확산법(Nuclear Non-Proliferation Act of 1978)을 제정하여 평화적 목적의 핵 물질과 시설, 장비 등의 경우에도 수출을 규제하고, 전면적 안전조치의 강화를 요구하는 등 비핵국가의 평화적 핵 활동을 크게 제한하고 있다.

한편 제8조 3항은 조약 발효일로부터 5년이 경과한 후, 그리고 그 후 매 5년마다 재검토회의를 개최하여 조약 운용을 검토하도록 규정하고 있으며, 이에 따라 1975년 제1차 재검토회의가 개최된 이래 2010년까지 총 8차례 회의가 개최되었다. 다음 회의는 2015년에 개최된다.

제3절 군비통제의 유형

1. 참가국 수에 따른 분류

가. 일방적 군비통제

상대방 국가와 협의 없이 일방적으로 군비통제를 하는 것을 말한다. 일방적 군비통제를 하는 이유는 '자신의 국가가 군비통제를 하면 상대방 국가도 군비통제를 할 것이다.' 라는 이유도 있고, 국내 및 국제 정치적 압력 때문일 수도 있다. 1985년 소련의 고르바초프 서기장이 등장한 이후 1987년부터 동구권에서 소련군의 철수나 감군 그리고 한·미 간에 실시하던 팀스피리트 훈련의 중단 등이 일방적 군비통제에 해당된다.

나. 쌍무적 군비통제

2개의 국가가 상호 협상을 통하여 군비통제를 하는 것을 말한다. 미국과 소련 간에 체결된 SALT, START, SORT 등의 핵무기 감축협정이나 NATO와 WTO 간 체결된 재래식무기제한협정(CFE : Conventional Forces in Europe) 등이 쌍무적 군비통제에 해당된다.

다. 다자적 군비통제

3개국 이상의 국가가 협의하여 군비통제를 하는 것을 말한다. 1968년 체결된 NPT(Nuclear Non-Proliferation Treaty), 1972년 체결된 생물학무기금지조약 (BWC), 1987년 체결된 미사일기술통제체제(MTCR), 1993년 체결된 화학무기금지협약(CWC) 등이 다자적 군비통제에 해당된다.

2. 무기 형태에 따른 분류

가. 대량살상무기(WMD) 군비통제

핵무기와 화학무기, 생물학무기 그리고 미사일 등 대량살상무기(WMD : Weapon of Mass Destruction) 군비통제를 말한다. NPT, SALT, START, 포괄적 핵실험금지조약(CTBT : Comprehensive Test Ban Treaty), 생물학무기 금지협약(BWC : Biological Weapons Convention), 화학무기금지협약(CWC : Chemical Weapons Convention) 등이 이에 해당된다.

나. 재래식 무기 군비통제

1899년 개최된 제1차 헤이그 회담부터 시작되었고 NATO와 WTO 간 체결된 재래식무기제한협정(CFE) 등이 이에 해당된다.

3. 규제기법에 따른 분류[10)]

가. 운용적 군비통제(Operational Arms Control)

운용적 군비통제란 군사력의 배치와 운용을 통제하여 군사적 투명성을 제고시키고, 상호 확인 및 감시로 기습공격을 방지함으로써 전쟁 발발의 위험성을 감소·방지하는 군비통제 형태이다. 이를 위해서는 군사력의 배치와 군사 활동을 하기 전에 상대국에게 투명하게 공개하고 완충지대 설치, 공세적 부대배치 해제, 군 인사교환방문 등의 조치가 필요하다.

나. 구조적 군비통제(Structural Arms Control)

구조적 군비통제란 군사력의 구조(병력, 장비)를 통제하여 군사력의 규모와 상한선 설정, 감축, 화생방무기 개발 및 사용금지, 군비제한 등을 함으로써 전쟁 발발의 위험성을 감소·방지하는 군비통제 형태이다.

---

10) 조영갑, 「국가안보학」, 2009, 선학사, P.414~415

4. 강제성 여부에 의한 분류

가. 강제에 의한 군비통제

전쟁이 끝난 이후에 승전국이 패전국에게 하는 군비통제 방식이다. 제1 · 2차 세계대전 이후에 승전국들이 독일에게 부과한 군비통제나, 제2차 세계대전 후 일본 군대의 해산 등이 이에 해당된다.

나. 합의에 의한 군비통제

대부분의 군비통제는 합의에 의한 군비통제이다. 합의에 의한 군비통제이다. 미국과 소련이 체결한 SALT, START, SORT, 기타 대부분의 협정이 이에 해당된다.

제 4 절 군비통제 절차

군비통제는 협상 및 협정체결단계, 이행단계, 감시단계 등 3단계로 이루어진다.

1. 협상 및 협정체결 단계

협상 단계는 한 국가가 군비통제에 대한 제안을 하고, 상대국이 제의를 수락하면, 상호 합의된 협정을 체결하는 단계이다. 상호 이익을 실현하기 위하여 상충되는 이익을 조정하게 되며 상호 신뢰구축이 이루어져야 한다. 상대 국가가 침략하지 않을 것이라는 믿음과 군사 상화의 공개와 상호 방문 등을 통해 군사력의 투명성이 보장되는 등 신뢰구축이 되어야 한다.

2. 이행 단계

이 단계는 상호 합의된 협정에 근거하여 군비통제를 실천해 나가는 단계이다. 병력과 장비 등에 대하여 군비 감축을 하고, 군사력의 배치와 운용을 방어적으로 전환하는 등 협정된 사항을 이행해 나가는 단계이다.

3. 감시 단계(검증 및 사찰 단계)

이 단계는 군비통제가 제대로 이루어지고 있는지를 확인하는 단계이다. 재래식 무기 군비통제 이행 여부에 대한 검증, 핵무기 군비통제 이행 여부에 대한 사찰 등이 이에 해당된다. 국제원자력기구(IAEA : International Atomic Energy Agency)가 핵확산금지조약(NPT : Nuclear Non-Proliferation Treaty)의 이행 여부를 확인하는 것이 감시 단계에 해당된다.

제 5 절 한국의 군비통제 정책

1. 개요

남한과 북한은 6 · 25 전쟁 이후부터 현재까지 많은 군비통제 방안을 상대국에게 제안하고 있다. 그러나 협상 과정에서 의견 대립과 신뢰구축이 미흡하며, 이행 단계의 미흡 등으로 실질적인 군비통제가 이루어지지 않고 있다. 6 · 25 전쟁 이후부터 현재까지의 군비통제 정책을 알아보면 다음과 같다.

2. 시대별 군비통제 정책

가. 시대별 군비통제 정책[11)]

구분	한국	북한
50년대		• 남북한 무력 불사용 선언 • 주한 미군 철수 • 한미상호방위조약 폐기 • 병력 10만명으로 감축 등 39개
60년대		• 기존 제안 반복 • 남북평화협정 체결 등 39개

11) 김열수, 「국가안보」, 2004, 법문사, P.335

구분	한국	북한
70년대	• 상호비방 금지 • 비무장지대의 평화지대화 • 상호 무력사용 포기 • 남북 불가침 협정 체결 • 4자회담 등 51개	• 기존제안 반복 • 남측 군사당국자 회담 • 비무장지대의 평화지대화 • 한국내 핵무기 철수 • 미북간 평화협정 체결 등 120개
80년대	• 기존 제안 반복 • 상호 군사교류 및 훈련 참관 • 상호 군비경쟁 지양 • 남북한 최고 당국자 회의 • 남북 총리회담 등 85개	• 기존 제안 반복 • 남북 정치군사회담 • 남북 불가침협정 체결 • 한반도 비핵지대화 • 한미 군사훈련 중지 등 190개

* 출처: 문광건 · 남만권, 「한반도 군비축소 방안」(서울: 한국국방연구원, 1997), p. 62.

(1) 북한

북한은 6 · 25 전쟁 이후 지속적으로 주한미군 철수와 한 · 미 상호조약 폐기를 전제 조건으로 군비통제를 제기하고 있다. 이러한 비현실적인 제안을 하면서 대외적으로 명분을 내세우고 있으나 이를 실천한 경우는 거의 없었으며, 오히려 1. 21 청와대 습격, 울진 · 삼척 무장공비 침투, 땅굴 굴착, 대통령 영부인 저격 등 수많은 도발을 일으키는 등 「화전양면전술」을 사용해 왔다.

(2) 한국

한국은 70년대부터 군비통제 제안을 하기 시작하였다. 상호비방금지와 DMZ 평화지대화, 무력사용 포기, 군사교류 및 훈련참관, 군비경쟁 지양, 총리 회담 등 실질적인 군비통제 제안을 해왔다.

나. 1990년대 군비통제 정책

독일의 통일(1990년)과 소련의 붕괴(1991년), 동부 유럽 공산권 국가들의 조약인 WTO(바르샤바 조약기구)의 해체 등으로 탈냉전시대가 되고, 한국이 러시아(1990년), 중국(1992년)과 외교 관계가 수립됨에 따라 북한의 태도가 바뀌기 시작하였다. 이와 같은 정세 변화에 따라 남 · 북한 총리급 회담에서 1992

년 1월 20일 한반도 비핵화 공동선언문을 발표하였다.

그러나 북한은 1993년 한·미 팀스프리트 훈련을 트집잡아, 모든 남·북 회담을 중단시켰으며, 북한이 신고한 플로토늄량과 IAEA가 산정한 플로토늄 사이에 차이가 심하여 특별 사찰을 제기하자, 북한은 1993년 NPT(핵확산금지조약)을 탈퇴하였다.

남북 한반도 비핵화 선언문

남과 북은 한반도를 비핵화함으로써 핵전쟁 위험을 제거하고 우리나라의 평화와 평화통일에 유리한 조건과 환경을 조성하며 아시아와 세계의 평화와 안전에 이바지하기 위하여 다음과 같이 선언한다.

1. 남과 북은 핵무기의 시험, 제조, 생산, 접수, 보유, 저장, 배비, 사용을 하지 아니한다.
2. 남과 북은 핵에너지를 오직 평화적 목적에만 이용한다.
3. 남과 북은 핵처리 시설과 우라늄 농축 시설을 보유하지 아니한다.
4. 남과 북은 한반도의 비핵화를 검증하기 위하여 상대측이 선정하고 쌍방이 합의하는 대상들에 대하여 남북핵통제공동위원회가 규정하는 절차와 방법으로 사찰을 실시한다.
5. 남과 북은 이 공동선언의 이행을 위하여 공동선언이 발효된 후 1개월 안에 남북핵통제공동위원회를 구성·운영한다.
6. 이 공동선언은 남과 북이 각기 발효에 필요한 절차를 거쳐 그 문본을 교환한 날부터 효력을 발생한다.

1992년 1월20일

- **남북고위급회담 남측대표단 수석대표, 대한민국 국무총리 정원식**
- **북남고위급회담 북측대표단 단장, 조선민주주의인민공화국 정무원 총리 연형묵**

다. 2000년대 군비통제 정책

2000년 6월 15일 「남북정상회담」에서 6·15 남북공동선언문을 발표하면서 화해, 협력의 관계는 증진되었으나, 군사적 대치 관계는 계속되었다.

6 · 15 공동선언(전문)

조국의 평화적 통일을 염원하는 온 겨레의 숭고한 뜻에 따라 대한민국 김대중 대통령과 조선민주주의인민공화국 김정일 국방위원장은 2000년 6월 13일부터 6월 15일까지 평양에서 역사적인 상봉을 하였으며 정상회담을 가졌다.

남북정상들은 분단 역사상 처음으로 열린 이번 상봉과 회담이 서로 이해를 증진시키고 남북관계를 발전시키며 평화통일을 실현하는데 중대한 의의를 가진다고 평가하고 다음과 같이 선언한다.

1. 남과 북은 나라의 통일문제를 그 주인인 우리 민족끼리 서로 힘을 합쳐 자주적으로 해결해 나가기로 하였다.
2. 남과 북은 나라의 통일을 위한 남측의 연합제 안과 북측의 낮은 단계의 연방제 안이 서로 공통성이 있다고 인정하고 앞으로 이 방향에서 통일을 지향시켜 나가기로 하였다.
3. 남과 북은 올해 8.15에 즈음하여 흩어진 가족, 친척 방문단을 교환하며, 비전향 장기수 문제를 해결하는 등 인도적 문제를 조속히 풀어 나가기로 하였다.
4. 남과 북은 경제협력을 통하여 민족경제를 균형적으로 발전시키고, 사회, 문화, 체육, 보건, 환경 등 제반분야의 협력과 교류를 활성화하여 서로의 신뢰를 다져 나가기로 하였다.
5. 남과 북은 이상과 같은 합의사항을 조속히 실천에 옮기기 위하여 빠른 시일 안에 당국 사이의 대화를 개최하기로 하였다.

김대중 대통령은 김정일 국방위원장이 서울을 방문하도록 정중히 초청하였으며, 김정일 국방위원장은 앞으로 적절한 시기에 서울을 방문하기로 하였다.

2000년 6월 15일
대한민국 조선민주주의인민공화국
대통령 국방위원장
김대중 김정일

(1) 북한

북한은 2002년 6월 한·일 월드컵 개최기간 중에도 제2차 연평해전을 일으키고, 2006년 10월 1차 핵실험, 2009년 5월 2차 핵실험, 2009년 11월 대청해전, 2010년 3월 천안함 폭침, 2010년 11월 연평도 포격 등 도발을 계속하면서, 북·미 평화협정 체결과 주한미군 철수를 군비통제 의제로 제시하고 있다.

(2) 한국

한국은 북한에 대해 경제지원을 하고, 금강산 관광과 개성 관광을 하는 등 신뢰와 교류 협력 등 군비통제 노력을 계속하다가 2008년 7월 금강산 관광객 박왕자씨 피살사건 이후로 대북 강경 정책으로 전환하여 북한의 사과와 재발 방지 약속을 촉구하고 있으며, 교류가 중단된 상황이다. 또한 UN에서는 북한의 핵실험에 따른 안보리 결의안 「1718호」와 「1874호」를 채택하여 북한 제재를 다음과 같이 하고 있다.

구분	결의 1718호 (2006. 10. 14)	결의 1874호 (2009. 6. 12)
북핵실험 규탄수위	규탄한다.	가장 강력하게 규탄한다.
화물검색	금지물품(대부분 상기 금수 무기, 특히 WMD·미사일 관련 물자)을 적재한 북한행·발 화물검색을 포함한 협조조치 제공	• 국제법에 따라 자국 영토 내에서 북한행·발 화물 검색 • 기국의 동의하에 공해상에서 의심선박 검색 • 금지품목 발견시 국제법에 따라 압류·처분 • 검색·화물압류·처분, 검색 불동의 등 관련사항의 제재위 보고 • 의심선박에 대한 지원 서비스 금지

구분	결의 1718호 (2006. 10. 14)	결의 1874호 (2009. 6. 12)
무기금수 및 수출통제	• 유엔재래식무기등록제도상 7대 무기류(탱크, 장갑차, 대포, 전투기, 공격용 헬기, 전함, 미사일) • 미사일관련 MTCR 통제품목 • 생화학무기 관련 AG 통제품목 • 사치품 • 회원국에 대한 금지품목 관련 대북 기술훈련, 조언, 서비스, 관련 지원 금지	• 북의 모든 무기 관련 물자 대외수출 금지 • 회원국들의 북에 대한 모든 종류의 무기 및 관련물자 이전·수출 금지 • 핵관련 통제품목 리스트를 2007, 11월 기준 NSG 리스트로 업데이트
금융·경제 제재	• WMD·미사일 프로그램 관련 안보리 또는 제재위가 지정한 개인·단체 등에 대한 자금·여타 금융자산 및 경제재원 동결 및 자금, 금융자산, 경제재원의 동 개인, 단체에 대한 이전 금지	• WMD·미사일 프로그램·활동에 기여할 수 있는 금융·자산·재원 동결을 포함한 금융거래 금지 • 무상원조, 금융 지원, 양허성 차관의 신규 계약 금지 및 기존 계약 감축 노력 • WMD·미사일 프로그램·활동에 기여할 수 있는 대북 무역에 대한 공적 금융지원 금지

* 출처: 반종빈, 김토일 기자 kmtoil@yna.co.kr / 20090613

제10장 연방 · 연합 · 통일

제1절 개 념

1. 연방(Federation)

연방이란 "고도의 자치권을 가진 2개 이상의 지방(주)으로 구성되는 하나의 정치체제"를 말하며, 중앙 정부와 지방 정부로 분리되어 있다. 국제법상의 주체는 연방 국가이며 외교권과 군사력은 연방 정부만이 보유한다. 그러나 국내적 통치권 측면에서는 연방 정부와 지방 정부가 각각 입법, 사법, 행정권을 나누어 갖는다.

2. 연합(Confederation, Union)

연합이란 "2개 이상의 국가가 서로 협력하는 것"으로 국제법상의 주체는 각 국가이며 외교권과 군사력도 각 국가 마다 보유한다. 국내 통치권 측면에서도 각 국가마다 입법, 사법, 행정권을 나누어 갖는다. 연방 국가가 영구적으로 결합된 진정한 하나의 국가이며, 국가 연합은 조약에 의해 잠정적으로 결합된 국가라고 할 수 있다.

3. 통일(Unification)

통일이란 "2개 이상의 국가가 하나의 국가로 통합되는 것"을 말한다. 통일은 정치, 경제, 사회, 문화, 군사 등 모든 분야에서 하나의 국가로 통합되는 것이다.

제 2 절 연방·연합·통일국가 사례

1. 연방국가 사례

오늘날 연방 국가는 남북 아메리카 대륙의 미국, 캐나다, 멕시코, 베네수엘라, 브라질, 아르헨티나와 유럽의 독일, 스위스, 오스트리아 그리고 말레이시아, 나이지리아, 아랍에미리트 등이 있다.

2. 연합국가 사례

연합 국가는 러시아를 중심으로 한 독립국가연합(CIS : Commonwealth of Independent States), 유럽연합(EU : European Union), 동남아시아 국가연합(ASEAN : Association of South East Asian Nations), 아프리카연합(AU : African Union) 등이 있다.

가. 독립국가연합(CIS)

소련은 1917년의 볼셰비키 혁명(10월 혁명)으로 수립된 소비에트 정권이 중심이 되어 22년 말 소비에트연방으로 성립, 15개 공화국(러시아 · 우크라이나 · 백러시아 · 카자흐 · 우즈베크 · 투르크멘 · 키르기스 · 타지크 · 몰도바 · 그루지야 · 아르메니아 · 아제르바이잔 · 라트비아 · 리투아니아 · 에스토니아)으로 구성되었던 국가이다. 그러나, 1991년 소련의 공산주의 포기와 공산당 해체를 계기로 각 공화국이 독립을 하여 92년 1월 1일 독립국가연합(CIS)을 구성하였다. 독립국가연합은 소련 연방으로부터 독립한 공화국들 중에서 발트 3국(라트비아 · 리투아니아 · 에스토니아)을 제외한 12개 공화국의 연합체이다.

나. 유럽연합(EU)

(1) 창설 배경

1946년 9월 19일 영국 수상 윈스턴 처칠이 스위스 취리히에서 한 유명한 유럽에 관한 연설에서 유럽에 국제연합과 비슷한 기구의 필요성을 언급하였다. 이후

1950년 쟝 모네가 구상한 석탄 및 철광석 채굴을 위한 프랑스-서독 간의 공동사무소 설치에 관한 계획을 당시 프랑스의 외무부장관이었던 로베르 쉬망이 공식적으로 건의함으로서 최초로 유럽 공동체에 대한 생각이 중앙 유럽국가 간에 토론되기 시작하였다.

(2) 통합 과정 : 1993년 11월, EU 탄생

1951년 4월 18일 프랑스, 서독, 이탈리아, 벨기에, 네덜란드, 룩셈부르크 6개국은 석탄 및 철광석 채굴에 관한 조약(유럽석탄철강공동체, ECSC)을 체결함으로써 유럽 내의 시장권을 거의 장악하였다. 1956년 3월 25일 위의 6개국은 이른바 로마조약을 체결함으로서 유럽경제공동체(EEC)의 발판을 놓았다. 이 조직의 목적은 자유, 경제, 원칙을 바탕으로 유럽의 시장을 공고히 하며, 특히 농업 생산품의 국경을 초월한 자유 유통과 판매의 촉진, 원자력 에너지의 평화적 이용에 있었다. 1965년 3월 유럽경제공동체(EEC), 유럽경제공동체(EEC), 유럽원자력공동체(EURATOM) 3개의 기구를 EEC 이사회에서 통합하기로 결정되었다. 관세동맹, 공동시장, 공동농업정책을 우선적으로 추진하였으며 1973년 1월 1일 영국, 아일랜드, 덴마크를 새로운 회원국으로 받아들였다. 1979년 3월 유럽통화제도(EMS)를 발족하였으며, 1979년 6월 7~10일에는 최초로 유럽 의회의 직접선거를 실시하였다. EC 회원국들은 역내 시장완성을 위해 1986년 2월 단일 유럽 의정서를 채택했다. 이에 따라 인적, 물적 자원 및 자본이나 서비스의 자유이동을 제한하는 각종 규제를 철폐하는 국내 입법을 시행하여 1991 년 1월 역내 단일 시장이 성립되었다. 유럽통합 움직임은 이후 더욱 가속화되어 EC 12개국은 1991년 12월 유럽연합조약(마스트리히트조약)을 확정하고 국내 비준 절차를 마침으로서 1993년 11월 유럽연합(EU)이 출범하게 되었다. 1981년에는 그리스, 1986년에는 에스파냐와 포르투갈이 가입해 12개국으로 확대되었다. 이어 EU로 개칭한 뒤 스웨덴, 오스트리아, 핀란드 3개국이 가입해 회원국은 모두 15개국으로 늘어났다. 본부는 브뤼셀에 있다. 2004년 5월 1일 폴란드, 체코, 슬로바키아, 헝가리, 슬로베니아, 리투아니아, 라트비아, 에스토니아, 몰타, 키프러스 등 10개국이 새로 가입하여 가맹국 수가 모두 25개국으로 늘어났다.

(3) EU 출범 후 유로화(Euro화)사용

1993년 11월 유럽연합(EU)을 탄생시킨 후, 1995년 12월 EU 정상들은 스페인 마드리드에 모여서 단일 통화를 유로화로 하고, 1999년부터 유럽통화동맹을 출범시켜 유로(Euro)를 도입하여 2002년부터 유로화를 사용하기로 합의하였다. 이에 따라 1998년 5월 유럽의 정상들은 EU 본부가 있는 벨기에 브뤼셀에서 정상회담을 하여 11개국으로 유럽통화동맹을 1999년 1월부터 출범시킬 것을 공식 선언하고 유럽중앙은행 총재를 선임하였으며, 7월 유럽중앙은행을 설립한 후 유로화는 1999년부터 사용하기 시작했다. 유로화 사용 국가는 최초(1999년)에는 11개 국가(독일, 프랑스, 이탈리아, 스페인, 아일랜드, 포르투갈, 네덜란드, 벨기에, 룩셈부르크, 핀란드, 오스트리아)이었으나, 2001년 그리스, 2007년 슬로베니아, 2008년 키프로스와 몰타, 2009년 슬로바키아가 가입함으로써 총 16개국으로 늘어났다.

(4) EU 평가

유럽연합(EU)의 탄생으로 과거에 전쟁으로 얼룩졌던 유럽이 EU를 통하여 서로의 위협을 제거함으로써 각 국이 안전을 보장받게 되었으며, 단일 경제공동체가 되어 완전한 경제통합을 이루게 되었다. 그러나 군사력은 각 국이 그대로 유지하고 있으며 NATO(북대서양 조약기구)에 의존하고 있는 상황이다. 또한 외교면에 있어서도 각 국가별로 행사하고 있다.

다. 동남아시아 국가연합(ASEAN)

(1) 창설 배경

ASEAN(Association of South East Asian Nations)은 1967년에 설립된 동남아시아의 정치, 경제, 문화 공동체이다. 매년 11월 정상회의를 개최하며 2015년까지 EU(유럽연합)와 유사한 정치, 경제 통합을 지향하고 있다. ASEAN에 가입한 국가는 10개국으로써 인도네시아, 싱가포르, 필리핀, 말레이시아 태국, 베트남, 라오스, 미얀마, 캄보디아, 브루나이 등이다. 1967년 설립 초기에는 경제, 문화 등

비정치적인 분야의 협력을 주로 하였으나, 1970년대 들어서면서 닉슨 독트린에 따른 미국의 아시아 지역 이탈과 1975년 베트남 공산화, 남중국해 영유권 분쟁 등으로 안전보장기구화, 군사기구화의 경향이 강해지고 있다. 이에 따라 ASEAN은 1993년 싱가포르에서 열린 각료 회의에서 ARF(ASEAN Regional Forum, 아세안안보포럼)를 설치하기로 한 후, 1994년 ASEAN을 중심으로 ARF를 창설하였다. 현재 ASEAN 사무국은 인도네시아 자카르타에 위치하고 있다.

(2) ASEAN 평가

ASEAN의 탄생으로 동남아시아에서 회원국끼리의 전쟁 위협은 많이 감소되었다. 그러나 EU와 같이 경제통합이 이루어지지 않고 있는 상태이며, 정치 · 군사적 통합도 없는 상태이다. 향후 ASEAN은 EU와 같이 아세안경제공동체(AEC)를 창설하여 자유롭게 역내국가 간 경제교역을 하려고 노력하고 있다.

라. 아프리카연합(AU)

(1) 창설 배경

아프리카 국가들은 1963년에 반식민주의 및 국가 주권확보를 위해 아프리카단결기구(OAU : Organization of Africa Unity)를 창설하였다. 1999년 OAU 정상회의에서 리비아 지도자 카다피가 아프리카 합중국 건설을 제안하였고, 이를 실현하기 위하여 AU(African Union)를 창설하기로 합의하였다. 그 후 2000년 개최된 OAU 정상회의에서 53개국 만장일치로 채택됨으로써 2001년 AU가 창설되었다.

(2) AU 평가

아프리카연합(AU)은 유럽연합(EU)과 같이 정치, 경제, 사회적 통합 등 초국가적 기구를 지향하고 있으며 우선적으로 경제통합을 하여 아프리카 대륙은 빈곤으로부터 해결한 후 향후 정치적 통합으로 나아가고자 한다. 또한 UN의 안전보장이사회와 같은 「평화안보이사회」를 설립하여 역내 국가들의 전쟁범죄, 대량학살, 반인도적 범죄행위 등에 대하여 AU 이사회가 개입하여 분쟁 해결 능력을 강화하였다. 그러나 AU의 각 국가들의 경제발전이 없는 한 경제통합은 요원할 것으로 보이며, 정치 · 군사적 통합도 없는 상태이다.

3. 통일국가 사례

가. 무력에 의한 통일 : 베트남

(1) 베트남 역사

- BC 200 ~ AD 938년 : 중국의 지배
- 938년 : 독립
- 1859 ~ 1941년 : 프랑스 지배
- 1941 ~ 1945년 : 2차 세계대전 중 일본의 지배
- 1945년 : 해방
- 1945 ~ 1954년 : 프랑스 지배
- 1954년 : 국토 분할(남 · 북 베트남)
- 1954 ~ 1975년 : 남 · 북 베트남
- 1975. 4. : 북베트남이 공산화 통일
- 1975년 ~ 현재 : 베트남(1979년 중국과 전쟁)

(2) 베트남 전쟁

1954년 7월 제네바 협정으로 베트남을 북위 17도선을 군사분계선으로 남북으로 분할되었다. 남베트남은 부패, 쿠데타, 비민주화 등으로 정국이 불안하였고, 북베트남의 호치민 정권은 본격적인 무력 침공을 개시하였다. 이때부터 남베트남에서는 미국이 공산주의 세력의 확장을 막기 위하여 남베트남을 지원하게 된다. 1960년 12월에 남베트남 공산주의자(베트콩)들이 남베트남 민족해방전선(NLF : National Liberation Front)을 결성하여 북베트남의 조종을 받아서 게릴라전을 벌인다. 미국은 1962년 2월에 남베트남에 군사원조 사령부를 설치하여 군사원조를 실시하였다. 1964년 8월 통킹 만에 정박해 있던 미군 구축함이 북베트남(월맹)의 어뢰 공격을 받아 격침되는 사건이 발생하였고(미국의 자작극으로 판명), 베트콩(NLF)의 공격으로 미군기지 B-57 등 항공기 피해와 사이공의 미군 막사

폭파 등으로 1965년 2월부터 미군의 항공모함 2척을 급파하여 월맹의 주요 기지 폭격이 개시되었다. 미국, 한국을 비롯한 여러 나라들이 남베트남에 파견되어 북베트남과 베트콩(NLF)과 맞서 싸웠으나, 남베트남의 부패와 분열과 북베트남 및 베트콩의 게릴라 전술에 목적 달성을 못하고 1973년 1월 27일 프랑스 파리에서 미국, 남베트남, 북베트남, 베트콩(NLF)이 참가한 가운데 휴전 협정이 조인되었다. 이렇게 되어 미군이 철수하자 1975년 3월 11일 북베트남과 베트콩의 무력공격이 개시되어 불과 2개월 후인 1975년 4월 30일 남베트남은 공산 통일이 되었다.

(3) 북베트남의 군사통일 방법

북베트남의 공산 세력들은 남베트남의 사이공시(현재 호치민시)뿐만 아니라 전 지역을 무력으로 공격하여 해방시키고, 남베트남군의 무장을 해제시켜서 군대를 해산시키며, 모든 저항을 철저히 분쇄시켰다. 북베트남 노동당 간부들이 남베트남의 모든 실권을 장악하고, 전 지역에 군사위원회를 설치하여 남베트남의 군정 업무를 담당하였다. 하부 행정구역에서는 인민행정위원회를 설치하여 지방 행정을 담당하였고, 남베트남 관리를 위해서 북베트남으로부터 다수의 간부(약 50,000명)가 파견되었으며, 관리인력 부족 시에는 북베트남 정규군 병력을 사용하기도 하였다. 그러나 남베트남의 인민해방전선(베트콩) 요원은 철저히 배격하였다.

군사관리 측면에서도 북베트남 정규군 위주로 일방적인 관리를 하였다. 북베트남군을 남베트남 전역에 배치하고, 북베트남군이 이동 시에는 지방 베트콩군이 병참지원 및 보조역할을 담당하였다. 남부 베트콩군을 북베트남군에 통합하여, 반혁명세력 진압 시에는 남부 베트콩군을 최대로 활용하였으며, 북베트남군은 절대로 남부 베트콩군 지휘에 두지 않고 베트콩군의 간부는 지휘체계에서 항시 소외시켰다.

치안은 북베트남군 · 헌병 · 인민보안대를 통한 물리적 강제력에 의해 유지 및 통제하였으며, 각통반에 이르기까지 보안조직을 편성하여 모든 조직은 북베트남에서 파견된 간부가 장악하였다. 또한 혁명정부에 반항하는 세력의 근원을 발본색원하여, 혁명정권에 적대적인 인사(관리, 군인, 기타 일반대중)들을 조사 및 분류 후에 재교육(약 150만 명)을 시키고, 약 15만 명에 대해서는 3~5년간 격리수용 조치를 취하였으며, 약 6만여 명을 처형하였다.

나. 대등한 합병통일 : 예멘

(1) 예멘의 역사

- BC 3000년 : 아라비아 반도 남쪽에 거주
- 575년 : 페르시아 지배
- 1517년 : 오스만 터키 지배
- 1918년 : 북예멘 독립(오스만 터키로부터 독립)
- 1939 ~ 1967년 : 남예멘 영국의 지배
- 1967년 : 남예멘 독립
- 1990. 5. : 통일(대등한 합병통일)
- 1994. 5. : 남예멘 독립선언
- 1994. 5. : 재통일(무력에 의한 통일)

(2) 예멘의 통일과정

남과 북으로 나누어져 있던 예멘은 1967년부터는 공산주의 정부를 수립한 남예멘과 민주주의 정부를 수립한 북예멘 사이에 무력충돌이 간헐적으로 발발하였다. 이런 가운데 1990년 5월 양국 의회에서 통일 헌법을 통과시킴으로써 대등한 합병통일을 하였다. 대등한 합병통일 방법은 다음과 같았다.

- 국가조직 : 대통령평의회, 의회, 국무원으로 구분
  - 대통령평의회 : 5인(북예멘 3, 남예멘 2)
  - 의회 : 301명(북예멘 159, 남예멘 111, 기타 31)
  - 국무원 : 39명(북예멘 20, 남예멘 19)
- 군조직
  - 최고 통수권자 : 대통령(북예멘 대통령)
  - 국방장관 : 남예멘 국방장관
  - 참모총장 : 북예멘 참모총장
    * 남 · 북 예멘군 : 현재대로 유지

위에서 보는 바와 같이 통일예멘은 1:1의 대등한 합병통일 방식을 선택하였다. 결과적으로 남북 예멘의 모든 기구를 존속시키면서 중앙기구만 만들어 통일해 가는 방식을 취하였고, 군대 · 경찰 · 기타 행정조직 등에서 실질적인 통합을 이루지 못하였다. 이런 가운데 남예멘에서 나오는 석유자원 수입을 북예멘이 독차지함으로써 남예멘의 불만이 가중되어 1994년 5월 남예멘은 분단 독립선언을 하게 되어 통일 이전 상태로 돌아가게 되었고, 이에 따라 남과 북예멘 간의 내전이 발발하여 1994년 7월 7일 다시 무력에 의한 재통일이 되었다.

다. 흡수통일 : 독일

(1) 독일의 역사

- 독일은 게르만족의 일부이다.
- BC 1000년 : 발트해 연안에 거주(게르만족)
- BC 200년 : 남쪽으로 이동하여 거주
- 봉건시대 : 300여 개의 지역 국가로 존재
- 1866년 : 독일 연방 결성(프로이센의 비스마르크)
- 1871년 : 독일 제국 탄생(빌헬름 1세)
- 1914 ~ 1918년 : 제1차 세계대전 패배
- 1939 ~ 1945년 : 제2차 세계대전 패배
  *히틀러 : 1945. 4. 30 자살
- 1945 ~ 1949년 : 동 · 서독으로 분할
- 1990년 10월 : 독일 통일

(2) 독일의 통일 과정

1969년 브란트 수상이 집권하면서 1955년 서독 외무차관 할슈타인이 기초한 "동독 정부를 승인하는 나라와는 외교 관계를 맺지 아니한다." 는 할슈타인 정책을 포기하고, 동방 정책을 발표하였다. 동방 정책은 "동독을 고립시키는 정책에서 벗어나 동방과의 화해를 추구하겠다." 는 브란트 수상의 정책이다. 서독은 1970년 소련과 불가침조약을 체결하고, 1973년 동독과 함께 유엔에 가입하였다. 1970년 서독 브란트 수상과 동독 슈토프 수상 간에 정상회담을 갖고, 교류와 협력, 민족의 동질성 회복을 통한 독일 통일을 논의했다. 1972년 상호무력사용포기, 자주통일 실현, 군비통제 노력, 경제 및 제 분야의 교류·협력 발전을 위한 동·서독 기본 조약을 체결하였다. 이 기본 조약 체결 이후 1987년 1천만명 상호방문을 실시하였고, 1981년 이주 협정을 체결하여 1983년부터 1990년 통일 이전까지 매년 3만 명씩 동독에서 서독으로 이주해 왔다. 경제 분야 교류는 무관세 원칙을 적용하여 활발하였으며, 체육 분야 교류도 계속되었다. 또한 동·서독의 도로 및 철도 연결, 체신 교류, 문화, 언론 방송 교류와 서독의 동독에 대한 적극적인 사회 간접자본 지원 등은 민족 동질성 회복에 크게 기여하였다. 1990년 소련 수상 고르바초프의 개혁, 개방 정책은 세계적으로 화해 분위기를 가져왔고, 동독에서도 민주화와 개혁을 요구하는 시위가 일어났으며, 탈출자가 37만 명이나 되었다. 1989년 동독은 베를린 장벽을 개방하였고, 1990년 10월 동독 의회에서 서독으로의 흡수통일을 결의함으로써 통일을 하게 되었다. 1990년 5월에 경제통합조약을 하고, 8월에는 정치통합조약을 체결하였으며, 10월에 통일되었다.

(3) 서독의 군사통합

서독의 군사통합은 동독 군대의 서독 군대로의 흡수였으며 동독군의 조직과 체제를 일체 인정하지 않고, 서독을 중심으로 구성된 독일 연방군이 동독군의 인원과 장비를 인수한 것이라고 할 수 있다. 동독군의 지휘권과 군 행정을 서독의 독일 연방군이 담당하였다. 동독군의 10만 명이 서독의 독일 연방군에 편입되었고, 장성과 55세 이상의 장교는 강제퇴역 조치되었으며, 독일연방군 2천여 명을 동독 지역에 파견하여 동독군 부대의 지휘관 및 참모로 배치하였고 병사들의 교육지원을 담당하였다. 군사통합에 대한 보상으로 동독 군인의 처우 개선에 노력하였으나 어려움이 많았다. 독일은 1990년 통일시 총66만 8천명(서독 49만 5천, 동독 17만 3천)이었던 병력을 1994년까지 37만 명으로 감축하였고, 전차, 장갑차, 야포, 비행기 등 주요 장비도 40~60%씩 감축하였다.

제3절 한반도 통일

1. 남 · 북한 통일 노력[12)]

구분	7 · 4 남북공동성명 (1972. 7. 4)	남북기본합의서 (1991. 12. 13)	6 · 15 남북공동선언 (2000. 6. 15)
기본 원칙	• 자주, 평화, 민족적 대단결	• 남북화해, 불가침, 교류 · 협력	• 자주통일, 통일방안공통성인정, 이산가족, 당국대화와 교류, 협력
주요 내용	• 조국통일 3대원칙 - 자주 : 외세에 의존하거나 간섭없이 자주적으로 해결한다. - 평화 : 무력행사에 의거하지 않고 평화적 방법으로 실현한다. - 민족대단결 : 사상과 이념 제도의 차이를 초월해 우선 하나의 민족으로서 민족적 대단결을 도모한다.	• 정치 · 군사적 대결상태를 해소해 민족화해를 이루고 무력에 의한 침략과 충돌을 막고 긴장완화와 평화를 보장하며 다각적인 교류협력을 실현해 민족 공동의 이익과 번영을 도모한다. - 남북화해 : 연락사무소 설치운영 등 8개항 - 남북불가침 : 남북군사공동위 운영 등 6개항 - 남북교류협력 : 이산가족 상봉 등 9개항	• 이번 남북정상회담이 상호이해 증진과 남북관계 발전 평화통일실현에 중대한 의의를 가진다고 평가한다. - 통일문제의 자주적 해결 - 연합제안과 낮은 단계의 연방제안 공통성 인정 - 이산가족방문단 교환 및 비전향장기수문제 해결 - 민족경제균형발전 및 제반분야의 협력과 교류 - 당국간 대화 확대
실천 방안	• 남북조절위원회 실시	• 분과별 위원회, 공동위원회 설치	• 당국자간 대화
서명 주체	• 이후락 특사 • 김영주 특사	• 정원식 총리 • 연형묵 총리	• 김대중 대통령 • 김정일 국방위원장
이후 변화	• 남한은 유신체제 • 북한은 유일사상체제로 강화	• 북핵문제의 국제문제화 • 남북한의 적대적	• 남북한의 정치적 · 경제적 • 사회적 · 문화적 · 군사적 교류 발전 • 평화통일의 전환점

12) 조영갑, 「국가안보학」,2009 ,선학사, p.566

한국은 1945년 8월 15일 해방된 이후, 미국과 소련이 각각 진주함으로써 한반도의 국토 분단이 이루어졌고, 1948년 8월 15일 남한정부가 수립되고 1948년 9월 9일 북한정부가 수립되면서 국가 분단이 되었다. 1970년대 세계적인 화해 분위기 속에서 서독은 동방 정책을 추진하였고 남북한도 화해 분위기에 편승하게 되었다.

가. 7 · 4 남북공동성명(1972. 7. 4)

1972년 남한의 이후락 중앙정보부장과 북한의 김영주 회담에서 "자주 · 평화 · 민족적 대단결" 이라는 조국통일 3대원칙을 내용으로 하는 공동성명을 발표하였다. 그러나 1974년부터 발견되기 시작한 남침 땅굴로 인한 북한의 불신임으로 남한은 반공을 내세워 독재 유신체제가 되었고 북한은 유일주체사상을 통하여 권력을 공고화하는 계기가 되었다.

나. 남북기본합의서(1991. 12. 13)

1991년 남북한 기본 합의서가 체결되었다. 1990년 독일의 통일과 1991년 소련의 붕괴 및 동구권의 공산주의 붕괴로 북한은 위기의식을 느끼고, 남북 사이에 "화해와 불가침, 교류 · 협력"을 내용으로 하는 남북기본합의서를 남 · 북한 총리가 만나서 체결하였다. 그러나 북한은 남북 사이에 교류 · 협력이 활성화될 경우, 북한 체제를 개방하는 결과를 초래할 것을 우려하여, 1993년 팀스피리트훈련 실시를 구실로 남북고위급회담을 거부하면서 다시 냉전구조로 전환되었다.

다. 6 · 15 남북공동선언(2000. 6. 15)

2000년 남 · 북한 정상회담을 통하여 "자주통일, 통일방안공통성 인정, 이산가족 상봉, 당국자 간 대화, 교류 · 협력"을 내용으로 공동선언을 하였다. 그러나 북한의 2002년 제2연평해전을 일으켜서 월드컵을 방해하고, 2006년 핵실험과 미사일발사, 2008년 7월 금강산 관광객 박왕자씨 피살 등 도발을 계속함에 따라 2008년 들어선 이명박 정부는 대북강경노선으로 전환되었고, 6 · 15 공동선언은 의미를 상실하게 되었다.

2. 남 · 북한 통일방안 비교

구 분	민족공동체 통일방안(한국)	고려연방제 통일방안(북한)
원칙	자주 · 평화 · 민주	자주 · 평화 · 민족대단결
주체	민족 구성원 모두	프롤레타리아 계급
철학	자유민주주의(인간 중심)	주체사상(계급 중심)
전제조건	없음	국가보안법 폐지, 공산주의 활동 활성화, 주한미군 철수
통일과정	화해협력 → 남북연합 → 통일국가 * 민족통일 → 국가통일	연방국가의 점차적 완성(제도통일은 후대에) * 국가통일 → 민족통일
과도통일체제	정상회담에서 남북연합헌장 채택, 남북합의로 통일헌법 제정하여 국민투표로 확정	없음
통일국가 실현체제	통일헌법에 의한 민주적 남북한 총선거	연석회의 방식에 대한 정치협상
통일국가의 형태	1민족 1국가 1체제 1정부의 통일국가	1민족 1국가 2제도 2정부의 연방국가
통일국가의 기구	통일정부, 통일국회(양원제)	최고민족연방회의, 연방상설위원회
통일국가의 미래상	자유 · 복지 · 인간존엄성이 보장되는 선진민주국가	구체적 언급 없음

* 출처: 통일교육원, 「통일문제 이해」(서울: 통일교육원, 2009), P. 81

가. 한국(민족공동체 통일방안)

한국은 1989년 노태우 정부 때 현재 한국의 통일방안 초석이라고 할 수 있는 "한민족 공동체 통일방안"을 제시하였다. 자주 · 평화 · 민주라는 통일 원칙하에 민족구성원 모두가 주체가 되어 화해, 협력을 통해 신뢰를 구축하고, 남북 공존과 민족공동생활권 형성 등을 추구하는 과도적 통일 체제인 남북 연합을 거쳐, 통일 헌법이 정하는 바에 따라 총선을 실시하여 통일국가를 수립한다는 것이다. 통일국가의 형태는 1민족 1국가 1체제 1정부의 형태이며, 미래상은 자유와 복지, 인간 존엄성이 보장되는 선진 민주국가를 이룩하는 것이다.

나. 북한(고려연방제 통일방안)

북한이 1991년 발표한 고려연방제 통일방안은 프롤레타리아 계급(노동자, 농민)이 주체가 되어 1민족 1국가 2체제 2정부의 연방 국가를 구성한다는 것이며, 2체제의 1체제로의 통일은 후대에 일임한다는 입장이다. 북한은 이를 위한 전제조건으로 국가보안법 폐지와 공산주의 활동 활성화, 주한미군 철수를 제시하고 있다. 6 · 15 공동선언에 명시된 「낮은 단계의 연방제」란 1민족 1국가 2체제 2정부의 원칙하에 남과 북의 현 정부가 정치 · 군사 · 외교권을 비롯한 현재 기능과 권한을 보유한 가운데, 그 위에 민족 통일기구를 구성한다는 것이다.

부　　록

부록1, 한일병합조약 전문
부록2, 한미동맹 관련자료
부록3, 북방한계선(NLL) 해전 및 도발

부록1, 한일병합조약 전문

한국 황제폐하와 일본국 황제폐하는 양국 간의 특수하고 친밀한 관계를 회고하여 상호행복을 증진하며 동양의 평화를 영구히 확보코자 하는 바 이 목적을 달성하기 위하여서는 한국을 일본제국에 병합함만 같지 못한 것을 확신하여 이에 양국 간에 병합조약을 체결하기로 결하고 일본국 황제폐하는 통감 자작사내정의 한국 황제폐하는 내각총리대신 이완용을 명기 전권위원으로 임명함.

이 전권위원은 회동협의한 후 좌의 제조를 협정함

1. 한국 황제폐하는 한국정부에 관한 일절의 통치권을 완전하고도 영구히 일본국황제폐하에게 양여함.
2. 일본국황제 폐하는 전 조에 게재한 양여를 수락하고 또 전연 한국을 일본국에 병합함을 승낙함.
3. 일본국황제 폐하는 한국 황제폐하 · 태황제폐하 · 황태자폐하와 그 후비 및 후예로 하여금 명기 지위에 응하여 상당한 존칭 · 위엄 그리고 명예를 향유케 하며 또 이를 보지하기에 충분한 세비를 공급할 것을 약함.
4. 일본 황제폐하는 전 조 이외의 한국 황족과 그 후예에 대하여 명기 상당한 명예와 대우를 향유케 하며 또 이를 유지하기에 필요한 자금을 공여할 것을 약함.
5. 일본국황제 폐하는 훈공 있는 한인으로서 특히 표창을 행함이 적당하다고 인정되는 자에 대하여 영작을 수여하고 또 은금을 공여할 것.
6. 일본국정부는 전기병합의 결과로서 전연 한국의 시정을 담임하고 동지에 시행하는 법규를 준수하는 한인의 신체와 재산에 대하여 충분한 보호를 하며 또 기 복리의 증진을 도모할 것.
7. 일본국정부는 성의와 충실로 신제도를 존중하는 한인으로서 상당한 자격이 있는 자를 사정이 허락하는 한에서 한국에 있는 제국관리로 등용할 것.
8. 본 조약은 일본국 황제폐하와 한국 황제폐하의 재가를 경한 것으로 공시일로부터 시행함.

우 증거로 양 전권위원은 본 조약에 기명 조인하는 것이다.

융희 4년 8월 22일 내각총리대신 이완용 인
명치 43년 8월 22일 통감 자작 사내정의 인

부록2, 한미동맹 관련자료

1. 한미상호방위조약 전문

1953. 10. 1. 워싱턴에서 서명
1954. 11. 18. 발표

본 조약의 당사국은 모든 국민과 모든 정부와 평화적으로 생활하고자 하는 희망을 재인식하며 또한 태평양지역에 있어서의 평화기구를 공고히 할 것을 희망하고 당사국 중 어느 일방이 태평양지역에 있어서 고립하여 있다는 환각을 어떠한 잠재적 침략자도 가지지 않도록 외부로부터의 무력공격에 대하여 그들 자신을 방위하고자 하는 공통의 결의를 공공연히 또한 정식으로 선언할 것을 희망하고 또한 태평양지역에 있어서 더욱 포괄적이고 효과적인 지역적 안전보장 조직이 발생될 때까지 평화와 안전을 유지하고자 집단적 방위를 위한 노력을 공고히 할 것을 희망하여 다음과 같이 합의한다.

제 1 조

당사국은 관련될지도 모르는 어떠한 국제적 분쟁이라도 국제적 평화와 안전과 정의를 위태롭게 하지 않는 방법으로 평화적 수단에 의하여 해결하고 또한 국제관계에 있어서 국제연합의 목적이나 당사국이 국제연합에 대하여 부담한 의무에 배치되는 방법으로 무력에 의한 위협이나 무력의 행사를 삼가 할 것을 약속한다.

제 2 조

당사국 중 어느 일방의 정치적 독립 또는 안정이 외부로부터의 무력침공에 의하여 위협을 받고 있다고 어느 당사국이든지 인정할 때에는 언제든지 당사국은 서로 협의한다. 당사국은 단독적으로나 공동으로나 자조와 상호원조에 의하여 무력공격을 방지하기 위한 적절한 수단을 지속하여 강화시킬 것이며, 본 조약을 실행하고 그 목적을 추진할 적절한 조치를 협의와 합의하에 취할 것이다.

제 3 조

각 당사국은 타 당사국의 행정 관리 하에 있는 영토 또한 금후 각 당사국이 타 당사국의 행정관리 하에 합법적으로 들어갔다고 인정하는 영토에 있어서 타 당사국에 대한 태평양지역에 있어서의 무력공격을 자국의 평화와 안전을 위태롭게 하는 것이라고 인정하고 공통으로 위험에 대처하기 위하여 각자의 헌법상의 수속에 따라 행돌할 것을 선언한다.

제 4 조

상호합의에 의하여 결정된 바에 따라 미합중국인 육군, 해군과 공군을 대한민국의 영토내와 그 주변에 배치하는 권리를 대한민국은 이를 허여(許與)하고 미합중국은 이를 수락한다.

제 5 조

본 조약은 대한민국과 미합중국에 의하여 각자의 헌법상의 절차에 따라 비준되어야 하며, 그 비준서가 양국에 의하여 워싱턴에서 교환 되었을 때에 효력을 발생한다.

제 6 조

본 조약은 무기한으로 유효하다. 어느 당사국이든지 타 당사국에 통고한 일 년 후에 본 조약을 종지시킬 수 있다.

이상의 증거로서 하기 전권위원은 본 조약에 서명하였다.

본 조약은 1953년 10월 1일 워싱턴에서 한국문과 영문의 2통으로 작성되었다.

대한민국을 위하여 변영태
미합중국을 위하여 존 포스터 델레스

2. 한국에 대한 군사 및 경제원조에 대한 대한민국과 미합중국간의 합의의사록

1954년 11월 17일 서울에서 서명
1954년 11월 17일 발효
1955년 8월 12일 워싱턴에서 수정
1954년 8월 12일 수정발효

대한민국과 미합중국의 공동이익은 긴밀한 협조를 계속 유지하는데 있는바 이는 상호 유익함을 입증하였으며 자유세계가 공산침략에 대하여 투쟁하며 자유로운 생존을 계속하고자 하는 결의를 위하여 중요한 역할을 한 것이다.

따라서, 대한민국은 다음 사항을 이행할 의도를 가지고 있으며 또한 이를 그의 정책으로 삼는다.

1. 한국은 국제연합을 통한 가능한 노력을 포함하는 국토통일을 위한 노력에 있어서 미국과 협조한다.
2. 국제연합사령부가 대한민국의 방위를 위한 책임을 부담하는 동안 대한민국국군을 국제연합사령부의 작전통제하에 둔다. 그러나 양국의 상호적 및 개별적 이익이 변경에 의하여 가장 잘 성취될 것이라고 협의 후 합의되는 경우에는 이를 변경할 수 있다.
3. 경제적 안정에 배치하지 않고 이용할 수 있는 자원 내에서 효과적인 군사계획의 유지를 가능케 하는 부록 B에 규정된 바의 국군병력기준과 원칙을 수락한다.
4. 투자기업의 사유제도를 계속 장려한다.
5. 미국의 법률과 원조계획에 일반적으로 적용되는 관행에 부합하는 미국정부의 원조자금의 관리를 위한 절차에 협조한다.
6. 부록 A에 제시된 것을 포함하여 경제계획을 유효히 실시함에 필요한 조치를 취한다.

대한민국이 실현하겠다고 선언한 조건에 기하여 미합중국은 다음 사항을 이행할 의도를 가지고 있으며 또한 이를 그의 정책으로 삼는다.

1. 1955회계년도에 총액 7억불에 달하는 계획적인 경제원조 및 직접적 군사원조로써 대한민국이 정치적, 경제적 및 군사적으로 강화되도록 원조하는 미국의 계획을 계속한다. 이 금액은 1955회계년도의 한국에 대한 원조액으로 기왕에 미국이 상상하였던 액보다 1억불 이상을 초과하는 것이다. 이 총액 중 한국 민간구호계획의 이월금과 국제연합 한국 재건단에 대한 미국의 거출금을 포함하는 1955회계년도의 계획적인 경제원조금액은 약2억8천만 불에 달한다 (1955회계년도의 실제지출은 약2억5천만 불로 예상된다).
2. 양국정부의 적당한 군사대표들에 의하여 작성될 절차에 따라 부록 B에 약술한 바와 같이 예비군제도를 포함한 증강된 대한민국의 군비를 지원한다.
3. 대한민국의 군비를 지원하기 위한 계획을 실시함에 있어서 대한민국의 적당한 군사대표들과 충분히 협의한다.
4. 대한민국에 대한 도발에 의하지 않는 침공이 있을 경우에는 미국의 헌법절차에 의거하여 침략자에 대하여 그 군사력을 사용한다.
5. 필요한 국회의 승인을 조건으로 하여 한국의 재건을 위한 경제계획을 계속 추진한다.

1954년 11월 17일 대한민국 서울에서

대한민국외무부장관 변 영 태

대한민국주재미합중국대사 에리스. 오. 브릭스

한미합의의사록부록 A 효과적인 경제계획을 위한조치

대한민국은 경제계획을 효과적인 것으로 하기 위하여 다음 사함을 포함하는 필요한 조치를 취한다.

1. 환율에 관하여는, 대한민국정부의 공정 환율과 대충 자금 환율을 180대1로 하고, 한국은행을 통하여 불화를 공매함으로써 조달되는 미국군의 환화 차출금에 충당하기 위하여 공정 환율과 상이한 현실적인 환율로 교환되는 불화 교환에 관하여 미국이 제의한 절차에 동의하며, 일반적으로 원조물자도 유사한 환율에 의한 가격으로 한국경제에 도입함으로써 그러한 재원의 사용으로부터 한국경제와 한국예산에 대한 최대한도의 공헌을 얻도록 한다. 미국에 의한 환화차출에 관한 현존협정들의 운영은 전기한 조치가 실제에 있어서 양국정부에게 다 같이 만족하게 실시되는 한 이를 정지한다.
2. 미국이 현물로 공여하지 않은 원조계획을 위한 물자는 어떠한 비공산주의 국가에서든지 소요의 품질의 물자를 최저가격으로 구입할 수 있는 곳에서 구매하는데 동의 한다(이는 세계적인 경제가격에 의한 가능한 최대한의 구매를 한국에서 행함을 목적으로 하는 것임).
3. 한국자신의 보유외화의 사용을 위한 계획에 관한 적절한 정보를 관계미국대표들에게 제공한다.
4. 한국예산을 균형화하고 계속하여 “인플레”를 억제하기 위한 현실적인 노력을 행한다(양국정부의 목적하는 바는 한국예산을 “인플레”를 억제할 수 있는 방식으로 발전시키는데 있다).

1954년 11월 17일자 합의의사록에 대한 수정

1954년 11월17일에 서명된 대한민국정부와 미합중국정부간의 합의의사록 부록 A의 제1항은 1955년 8월15일자로 다음과 같이 수정된다.

대한민국정부 및 그 기관의 모든 외환거래를 위한 환율로써 1955년8월15일자로 대한민국에 의하여 제정될 미화 1불대 5백환의 공정 환율은 한국으로 물자 및 역무를 도입하기 위하여 공여되는 미국의 원조에 대하여 다음 것을 제외하고 적용된다.

(가) 미국원산인 석탄은 1956년6월30일에 종료될 회계연도기간 중 공정 환율의 40%이상에 해당하는 환율로 가격을 정할 수 있다.

(나) 비료는 즉시 공정 환율의 50%이상에 해당하는 환율로 가격을 정할 수 있으나 1956년 1월1일 이후에는 공정 환율로 인상하여야 한다.

(다) 이윤을 목적으로 하지 않는 사업을 위한 투자형의 물품

(라) 구호물자

이윤을 목적으로 하는 사업을 위한 투자형물품에 대하여는 합동경제위원회가 차등환율 또는 보조금의 형식을 통하여 감율을 건의하지 않는 한 공정 환율로 가격을 정한다.

공정 환율은 미국군에 의한 환화구입에 적용된다.

미합중국정부는 한국의 안정된 경제 상태를 발전시키기 위한 대한민국정부의 노력에 대하여 이 목적을 위하여 이용할 수 있는 자원의 범위 내에서 협조한다. 이 점에 관하여 양국 정부는 신속한 행동에 의하여 원조계획을 조속히 완성으로 이끌어야 한다는 목적에 대하여 특별한 관심을 경주한다.

1954년11월17일자의 합의의사록 부록 A에 대한 이 개정의 효력발생일자 이전에 존재하였던 미국에 의한 환화취득에 관한 협정들은 원합의의사록 부록 A의 제1항에서 원래 승인하였던 협정을 포함하여 존기한 조치가 실제에 있어서 양국정부에게 다 같이 만족하게 실시되는 한 이를 정지한다.

1955년 8월 12일 미국 워싱턴에서

대한민국정부를 위하여: 양 유 찬

미합중국정부를 위하여: 윌터 에스 로버트슨

3. SOFA 한미행정협정 전문

대한민국과 아메리카 합중국의 상호방위조약
제4조에 의한 시설과 구역 및 대한민국에서의 합중국 군대의 지위에 관한 협정
1966년 7월 9일 서울에서 서명
1967년 2월 9일 발효

아메리카 합중국은 1950년 6월 25일, 1950년 6월 27일 및 1950년 7월 7일의 국제 연합 안전보장이사회의 재결의와 1953년 10월 1일에 서명된 대한민국과 아메리카 합중국간의 상호방위 조약 제4조에 따라, 대한민국의 영역 내 및 그 부근에 동 군대를 배치하였음에 비추어, 대한민국과 아메리카 합중국은 양국가간의 긴밀한 상호 이익의 유대를 공고히 하기 위하여, 시설과 구역 및 대한민국에서의 합중국 군대의 지위에 관한 본 협정을 아래와 같이 체결하였다.

제1조 정의(Definitions)

본 협정에 있어서,

(가) "합중국 군대의 구성원" 이라 함은 대한민국의 영역 안에 있는 아메리카 합중국의 육군, 해군 또는 공군에 속하는 인원으로서 현역에 복무하고 있는 자를 말한다. 다만, 합중국 대사관에 부속된 합중국 군대의 인원과 개정된 1950년 1월 26일자 군사고문단 협정에 그 신분이 규정된 인원을 제외한다.

(나) "군속" 이라 함은 합중국의 국적을 가진 민간인으로서 대한민국에 있는 합중국 군대에 고용되거나 동 군대에 근무하거나 또는 동반하는 자를 말하나, 통상적으로 대한민국에 거주하는 자, 또는 제 15조 제1항에 규정된 자는 제외한다. 본 협정의 적용에 관한 한, 대한민국 및 합중국의 이중국적자로서 합중국에 의하여 대한민국에 들어온 자는 합중국의 국민으로 간주한다.

(다) "가족" 이라 함은 다음의 자를 말한다.

(1) 배우자 및 21미만의 자녀,

(2) 부모 및 21세 이상의 자녀 또는 기타 친척으로서 그 생계비 반액 이상을 합중국 군대의 구성원 또는 군속에 의존하는 자.

제2조 시설과 구역 – 공여와 반환(Facilities and Areas – Grant and Retune)

1. (가) 합중국은 상호방위조약 제4조에 따라 대한민국 안의 시설과 구역의 사용을 공여받는다. 개개의 시설과 구역에 관한 제 협정은 본 협정 제28조 규정된 합동위원회를 통하여 양 정부가 이를 체결해야 한다. "시설과 구역" 은, 소재의 여하를 불문하고, 그 시설과 구역의 운영에 사용되는 현재의 설비, 비품 및 정착물을 포함한다.

   (나) 본 협정의 효력 발생 시에 합중국 군대가 사용하고 있는 시설과 구역 및 합중국군대가 이러한 시설과 구역을 재사용할 때에 합중국의 군대가 이를 재사용한다는 유보권을 가진 채 대한민국에 반환한 시설과 구역은, 전기(前記) (가)항에 따라 양 정부간에 합의된 시설과 구역으로 간주한다. 합중국 군대가 사용하고 있거나 재사용권을 가지고 있는 시설과 구역에 관한 기록은 본 협정의 효력 발생 후에도 합동위원회를 통하여 이를 보존한다.

2. 대한민국 정부와 합중국 정부는, 어느 일방 정부의 요청이 있을 때에는, 이러한 협정을 재검토하여야 하며, 또한 이러한 시설과 구역이나 그 일부를 대한민국에 반환하여야 할 것인지의 여부 또는 새로이 시설과 구역을 제공하여야 할 것인지의 여부에 대하여 합의할 수 있다.

3. 합중국이 사용하는 시설과 구역은 본 협정의 목적을 위하여 더 필요가 없게 되는 때에는 언제든지 합동위원회를 통하여 합의되는 조건에 따라 대한민국에 반환되어야 하며, 합중국은 그와 같이 반환한다는 견지에서 동 시설과 구역의 필요성을 계속 검토할 것에 동의한다.

4. (가) 시설과 구역이 일시적으로 사용되지 않고 또한 대한민국 정부가 이러한 통고를 받은 때에는, 대한민국 정부는 잠정적으로 이러한 시설과 구역을 사용할 수 있거나 또는 대한민국 국민으로 하여금 사용시킬 수 있다. 다만, 이러한 사용은 합중국 군대에 의한 동 시설과 구역의 정상적인 사용목적에 유해하지 않을 것이라는 것이 합동위원회에 의하여 양 정부 간에 합의되는 경우에 한한다.

   (나) 합중국 군대가 일정한 기간에 한하여 사용할 시설과 구역에 관하여는, 합동위원회는 이러한 시설과 구역에 관한 협정 중에 본 협정의 규정이 적용되지 아니하는 한계를 명기하여야 한다.

제3조 시설과 구역 – 보안조치(Facilities and Areas – Security Measures)

1. 합중국은 시설과 구역 안에서 이러한 시설과 구역의 설정, 운영, 경호 및 관리에 필요한 모든 조치를 취할 수 있다. 대한민국 정부는, 합중국 군대의 지원, 경호 및 관리를 위하여 동 시설과 구역에의 합중국 군대의 출입의 편의를 도모하기 위하여, 합중국 군대의 요청과 합동위원회를 통한 양 정부간의 합의에 따라, 동시설과 구역에 인접한 또는 그 주변의 토지, 영해 및 영공에 대하여, 관계 법령의 범위 내에서 필요한 조치를 취하여야 한다. 합중국은 또한 합동위원회를 통한 양 정부 간의 협의에 따라 전기(前記)의 목적상 필요한 조치를 취할 수 있다.
2. (가) 합중국은, 대한민국의 영역으로의, 영역으로부터의 또는 영역 안의 항해, 항공, 통신 및 육상교통을 불필요하게 방해하는 방법으로 제1항에 규정된 조치를 취하지 아니할 것에 동의한다.
   (나) 전자파 방사 장치용 라디오 주파수 또는 이에 유사한 사항을 포함한 전기통신에 관한 모든 문제는 양 정부의 지정 통신당국 간의 약정에 따라 최대의 조정과 협력의 정신으로 신속히 계속 해결하여야 한다.
   (다) 대한민국 정부는, 관계법령과 협정의 범위 내에서, 전자파 방사에 민감한 장치, 전기통신 장치, 또는 합중국의 군대가 필요로 하는 기타 장치에 대한 방해를 방지하거나 제거시키기 위한 모든 합리적인 조치를 취하여야 한다.
3. 합중국 군대가 사용하고 있는 시설과 구역에서의 운영은 공공 안전을 적절히 고려하여 수행되어야 한다.

제4조 시설과 구역 – 시설의 반환(Facilities and Areas – Retune of Facilities)

1. 합중국 정부는, 본 협정의 종료 시나 그 이전에 대한민국 정부에 시설과 구역을 반환할 때에, 이들 시설과 구역이 합중국 군대에 제공되었던 당시의 상태로 동 시설과 구역을 원상 회복 하여야 할 의무를 지지 아니하며, 또한 이러한 원상회복 대신으로 대한민국 정부에 보상하여야 할 의무도 지지 아니한다.
2. 대한민국 정부는 본 협정의 종료 시나 그 이전의 시설과 구역의 반환에 있어서, 동 시설과 구역에 가하여진 어떠한 개량에 대하여 또는 시설과 구역에 잔류한 건물 및 공작물에 대하여 합중국 정부에 어떠한 보상도 행할 의무를

지지 아니한다.

3. 전 2항의 규정은, 합중국 정부가 대한민국 정부와의 특별한 약정에 의거하여 행할 수 있는 건설 공사에는 적용되지 아니한다.

제5조 시설과 구역 - 경비와 유지(Facilities and Areas - Cost and Maintenance)

1. 합중국은, 제2항에 규정된 바에 따라 대한민국이 부담하는 경비를 제외하고는, 본 협정의 유효 기간 동안 대한민국에 부담을 과하지 아니하고 합중국 군대의 유지에 따르는 모든 경비를 부담하기로 합의한다.
2. 대한민국은, 합중국에 부담을 과하지 아니하고, 본 협정의 유효 기간 동안 제2조 및 제3조에 규정된 비행장과 항구에 있는 시설과 구역처럼 공동으로 사용하는 시설과 구역을 포함한 모든 시설, 구역 및 통행권을 제공하고, 상당한 경우에는 그들의 소유자와 제공자에게 보상하기로 합의한다. 대한민국 정부는, 이러한 시설과 구역에 대한 합중국 정부의 사용을 보장하고, 또한 합중국 정부 및 그 기관과 직원이 이러한 사용과 관련하여 제기할 수 있는 제3자의 청구권으로부터 해를 받지 아니하도록 한다.

제6조 공익사업과 용역(Utilities and Service)

1. 합중국 군대는 대한민국 정부 또는 그 지방 행정 기관이 소유, 관리 또는 규제하는 모 든 공익사업과 용역을 이용한다. "공익사업과 용역" 이라 함은 수송과 통신의 시설 및 기관, 전기, 가스, 수도, 스팀, 전열, 전등, 동력 및 하수 오물 처리를 포함하되, 이것에만 한정하는 것은 아니다. 본 항에 규정된 공익사업과 용역의 이용은 합중국이 군용 교통 시설, 통신, 동력 및 합중국 군대의 운영에 필요한 기타 공익사업과 용역을 운영하는 권리를 침해하는 것은 아니다. 전기(前記) 권리는 대한민국 정부에 의한 동 정부의 공익사업과 용역의 운영과 합치하지 아니하는 방법으로 행사되어서는 아니 된다.
2. 합중국에 의한 이러한 공익사업과 용역의 이용은 어느 타이용자에게 부여된 것보다 불리하지 아니한 우선권, 조건 및 사용료나 요금에 따라야 한다.

제7조 접수국 법령의 존중(Respect of Local Law)

합중국 군대의 구성원, 군속과 제15조에 따라 대한민국에 거주하고 있는 자 및 그들의 가족은 대한민국 안에 있어서 대한민국의 법령을 존중하여야 하고, 또한 본 협정의 정신에 위배되는 어떠한 활동, 특히 정치적 활동을 하지 아니하는 의무를 진다.

제8조 출입국(Entry and Exit)

1. 본 조의 규정에 따를 것을 조건으로, 합중국은 합중국 군대의 구성원, 군속 및 그들의 가족인 자를 대한민국에 입국시킬 수 있다. 대한민국 정부는 양 정부 간에 합의될 절차에 따라 입국자와 출국자의 수 및 종별을 정기적으로 통고받는다.
2. 합중국 군대의 구성원은 여권 및 사증에 관한 대한민국 법령의 적용으로부터 면제된다. 합중국 군대의 구성원, 군속 및 그들의 가족은 외국인의 등록 및 관리에 관한 대한민국 법령의 적용으로부터 면제된다. 그러나, 대한민국 영역 안에서 영구적인 거소 또는 주소를 요구할 권리를 취득하는 것으로 인정되지 아니한다.
3. 합중국 군대의 구성원은 대한민국에 입국하거나 대한민국으로부터 출국함에 있어서, 다음의 문서를 소지하여야 한다.
   (가) 성명, 생년월일, 계급과 군번 및 군의구분을 기재하고 사진을 첨부한 신분증명서 및
   (나) 개인 또는 집단의 합중국 군대의 구성원으로서 가지는 지위 및 명령받은 시행을 증명하는 개별적 또는 집단적 시행의 명령서. 합중국 군대의 구성원은 대한민국에 있는 동안, 그들의 신분을 증명하기 위하여 전기(前記) 신분증명서를 소지하여야 하며, 동 신분증명서는 대한민국의 관계당국이 요구하면 이를 제시하여야 한다.
4. 군속, 그들의 가족 및 합중국 군대의 구성원의 가족은 합중국 당국이 발급한 적절한 문서를 소지하여, 대한민국에 입국하거나 출국함에 있어서 또한 대한민국에 체류할 동안, 그들의 신분이 대한민국 당국에 의하여 확인되도록 하여야 한다.
5. 본조 제1항에 따라 대한민국에 입국한 자가 그 신분의 변경으로 인하여 전기(前記) 입국의 자격을 가지지 못하게 된 경우에는, 합중국 당국은 대한민국 당국에 이를 통고하여야 하며 또한 그자가 대한민국으로부터 퇴거할 것을

대한민국 당국이 요청한 경우에는 대한민국 정부의 부담에 의하지 아니하고 상당한 기간 내에 대한민국으로부터 수송하는 것을 보장하여야 한다.

6. 대한민국 정부가 합중국 군대의 구성원 또는 군속을 그 영역으로부터 이송시킬 것을 요청하거나 합중국 군대의 전(前) 구성원 또는 전(前) 군속에 대하여, 또는 이러한 군대구성원, 군속, 전(前) 구성원 또는 전(前) 군속들의 가족에 대하여 추방 명령을 한 경우에는, 합중국 당국은 그 자를 자국의 영역 안에 받아들이거나 그러하지 아니하면 그 자를 대한민국 영역 밖으로 내보내는 책임을 진다. 본 항의 규정은 대한민국의 국민이 아닌 합중국 군대의 구성원이나 군속의 자격으로, 또는 그러한 자가 될 목적으로 대한민국에 입국한 자 및 이러한 자의 가족에 대하여서만 적용한다.

제9조 통관과 관세(Customers and Duties)

1. 합중국 군대의 구성원, 군속 및 그들의 가족은, 본 협정에서 규정된 경우를 제외하고는, 대한민국 세관 당국이 집행하고 있는 법령에 따라야 한다.
2. 합중국 군대(동군대의 공인조달기관과 제13조에 규정된 비세출자금기관을 포함한다)가 합중국 군대의 공용을 위하거나 또는 합중국 군대, 군속 및 그들의 가족의 사용을 위하여 수입하는 모든 자재, 수용품 및 비품과 합중국 군대가 전용할 자재, 수용품 및 비품 또는 합중국 군대가 사용하는 물품이나 시설에 최종적으로 합체될 자재, 수용품 및 비품은 대한민국에의 반입이 허용된다. 이러한 반입에는 관세 및 기타의 과징금이 부과되지 아니한다. 전기(前記)의 자재, 수용품 및 비품은 합중국 군대(동 군대의 공인 조달기관과 제13조에 규정된 비세출자금기관을 포함한다)가 수입한 것이라는 뜻의 적당한 증명서를 필요로 하거나, 또는 합중국 군대가 전용할 자재, 수용품 및 비품 또는 동 군대가 사용하는 물품이나 시설에 최종적으로 합체될 자재, 수용품 및 비품에 있어서는, 합중국 군대가 전기(前記)의 목적을 위하여 수령할 뜻의 적당한 증명서를 필요로 한다. 본 항에서 규정된 면제는 합중국 군대가 동 군대로부터 군수 지원을 받는 통합사령부 산하 주한 외국 군대의 사용을 위하여 수입한 자재, 수용품 및 비품에도 적용한다.
3. 합중국 군대의 구성원, 군속 및 그들의 가족에게 탁송되고 또한 이러한 자들의 사용에 제공되는 재산에는 관세 및 기타의 과징금을 부과한다. 다만, 다음의 경우에는 관세 및 기타의 과징금을 부과하지 아니한다.

(가) 합중국 군대의 구성원이나 군속이 대한민국에서 근무하기 위하여 최초로 도착한 때에, 또한 그들의 가족이 이러한 군대의 구성원이나 군속과 동거하기 위하여 최초로 도착한 때에, 사용을 위하여 수입한 가구, 가정용품 및 개인용품,

(나) 합중국 군대의 구성원이나 군속이 자기 또는 그들의 가족의 사용을 위하여 수입하는 차량과 부속품,

(다) 합중국 군대의 구성원, 군속 및 그들의 가족의 사용을 위하여 합종국안에서 통상적으로 구입되는 종류의 합리적인 양의 개인용품 및 가정용품으로서, 합중국 군사우체국을 통하여 대한민국에 우송하는 것.

4. 제2항 및 제3항에서 허용한 면제는, 물품 수입의 경우에만 적용되며, 또한 당해 물품의 반입시에 관세와 내국 소비세가, 아마 징수된 물품을 구입하는 경우에는 세관 당국이 징수한 관세와 내국 소비세를 환불하는 것으로 해석되지 아니한다.

5. 세관 검사는 다음의 경우에는 이를 행하지 아니한다.

(가) 휴가 명령이 아닌 명령에 따라 대한민국에 입국하거나 대한민국으로부터 출국하는 합중국 군대의 구성원,

(나) 공용의 봉인이 있는 공문서 및 공용의 우편 봉인이 있고 합중국 군사우편 경로에 있는 제1종 서장,

(다) 합중국 군대에 탁송된 군사 화물.

6. 관세의 면제를 받고 대한민국에 수입된 물품은, 대한민국 당국과 합중국 당국이 상호 합의하는 조건에 따라 처분을 인정하는 경우를 제외하고는, 관세의 면제로 당해 물품을 수입하는 권리를 가지지 아니하는 자에 대하여 대한민국 안에서 이를 처분하여서는 아니된다.

7. 제2항 및 제3항에 의거하여 관세 및 기타의 과징금의 면제를 받고 대한민국에 수입된 물품은, 관세 및 기타의 과징금의 면제를 받고 재수출할 수 있다.

8. 합중국 군대는, 대한민국 당국과 협력하여 본 조의 규정에 따라 합중국 군대, 동군대의 구성원, 군속 및 그들의 가족에게 부여된 특권의 남용을 방지하기 위하여 필요한 조치를 취하여야 한다.

9. (가) 대한민국 당국과 합중국 군대는, 대한민국 정부의 세관당국이 집행하는 법령에 위반하는 행위를 방지하기 위하여, 조사의 실시 및 증거의 수집에 있어서 상호 협조하여야 한다.

(나) 합중국 군대는, 대한민국 정부의 세관 당국에 의하여 또는 이에 대신하여 행하여지는 압류될 물품을 인도하도록 확보하기 위하여, 그의 권한내의 모든 원조를 제공하여야 한다.

(다) 합중국 군대는, 합중국 군대의 구성원이나 군속 또는 그들의 가족이 납부할 관세, 조세 및 벌금의 납부를 확보하기 위하여, 그의 권한내의 모든 원조를 제공하여야 한다.

(라) 합중국 군대 당국은 세관 검사의 목적으로 군사상 통제하는 부두와 비행장에 파견된 세관 직원에게 가능한 모든 원조를 제공하여야 한다.

(마) 합중국 군대에 속하는 차량 및 물품으로서, 대한민국 정부의 관세 또는 재무에 관한 법령에 위반하는 행위에 관련하여 대한민국 정부의 세관 당국이 압류한 것은, 관계부대 당국에 인도하여야 한다.

第10조 선박과 항공기의 기착(Access of Vessels and Aircraft)

1. 합중국에 의하여, 합중국을 위하여 또는 합중국의 관리 하에서 공용을 위하여 운항되는 합중국 및 외국의 선박과 항공기는 대한민국의 어떠한 항구 또는 비행장에도 입항료 또는 착륙료를 부담하지 아니하고 출입할 수 있다. 본 협정에 의한 면제가 부여되지 아니한 화물 또는 여객이 이러한 선박 또는 항공기에 의하여 운송될 때에는, 대한민국의 관계 당국에 그 뜻을 통고하여야 하며, 그 화물 또는 여객의 대한민국에의 출입국은 대한민국의 법령에 따라야 한다.
2. 제1항에 규정된 선박과 항공기, 기갑 차량을 포함한 합중국 정부 소유의 차량 및 합종국 군대의 구성원, 군속 및 그들의 가족은, 합중국 군대가 사용하고 있는 시설과 구역에 출입하고, 이들 시설과 구역 간을 이동하고, 또한 이러한 시설과 구역 및 대한민국의 항구 또는 비행장 간을 이동할 수 있다. 합중국의 군용 차량의 시설과 구역에의 출입 및 이들 시설과 구역간의 이동에는 도로 사용료 및 기타 과징금을 과하지 아니한다.
3. 제1항에 규정된 선박이 대한민국 항구에 입항하는 경우 통상적인 상태 하에서는 대한민국의 관계 당국에 대하여 적절한 통고를 하여야 한다. 이러한 선박은 강제 도선이 면제되나, 도선사를 사용하는 경우에는 적절한 (비)율의 도선료를 지급하여야 한다.

제11조 기상 업무(Mwteorological Services)

대한민국 정부는 양국 정부의 관계 당국간의 약정에 따라 다음의 기상 업무를 합중국 군대에 제공함을 약속한다.

(가) 선박에 의한 관측을 포함한 지상 및 해상에서의 기상 관측,

(나) 정기적 개황과 가능하다면 과거의 자료도 포함한 기상 자료,

(다) 기상 정보를 보도하는 전기통신 업무,

(라) 지진 관측의 자료.

제12조 항공 교통 관제 및 운항 보조 시설(Air Traffic Control and Navigational Aids)

1. 모든 민간 및 군용 항공 교통 관제는 긴밀한 협조를 통하여 발달을 이룩하여야 하며, 또한 본 협정의 운영상 필요한 범위까지 통합되어야 한다. 이러한 협조 및 통합을 이룩하는데 필요한 절차 및 이에 대한 추후의 변경은 양 정부의 관계 당국 간에 성립되는 약정에 의하여 설정된다.
2. 합중국은 대한민국 전역과 그 영역에 선박 및 항공기의 운항 보조 시설(소요되는 바에 따라 시각형과 전자형)을 설치, 건립 및 유지할 권한을 가진다. 이러한 운항 보조 시설은 대한민국에서 사용되고 있는 체제에 대체로 합치되어야 한다. 운항 보조 시설을 설치한 대한민국 및 합중국의 당국은 동 보조 시설의 위치와 특징을 적절히 상호 통고하여야 하며, 또한 이들 보조 시설을 변경하거나 부가적인 운항 보조 시설을 설치하기에 앞서 가능한 한 사전 통고를 하여야 한다.

제13조 비세출자금기관(Non-appropriated Fund Organizations)

1. (가) 합중국 군 당국이 공인하고 규제하는 군 판매점, 식당, 사교클럽, 극장, 신문 및 기타 비세출자금기관은, 합중국 군대의 구성원, 군속 및 그들의 가족의 이용을 위하여, 합중국 군대가 설치할 수 있다. 이러한 제 기관은, 본 협정에 달리 규정하는 경우를 제외하고는, 대한민국의 규제, 면허, 수수료, 조세 또는 이와 유사한 관리를 받지 아니한다.

   (나) 합중국 군 당국이 공인하고 규제하는 신문이 일반 대중에 판매되는 때에는, 그 배포에 관한 한, 대한민국의 규제, 면허, 수수료, 조세 또는 이에 유사한 관리를 받는다.

2. 이러한 제 기관에 의한 상품 및 용역의 판매에는 본조 제1항 (나)에 규정된 바를 제외하고는, 대한민국의 조세를 부과하지 아니하나, 이러한 제 기관에 의한 상품 및 수용품의 대한민국 안에서의 구입에는, 양 정부 간에 달리 합의하지 아니하는 한, 이러한 상품 및 수용품의 다른 구입자가 부과받는 대한민국의 조세를 부과한다.
3. 이러한 제 기관이 판매하는 물품은 대한민국 및 합중국의 당국이 상호 합의하는 조건에 따라 처분을 인정하는 경우를 제외하고는, 이러한 제 기관으로부터의 구입이 인정되지 아니한 자에 대하여 대한민국 안에서 이를 처분하여서는 아니 된다.
4. 본 조에 규정된 제 기관은, 합동위원회에서의 양 정부 대표간의 협의를 통하여 대한민국 조세 당국에 대한민국 세법이 요구하는 정보를 제공하여야 한다.

제14조 과세(Taxation)

1. 합중국 군대는 그가 대한민국 안에서 보유, 사용 또는 이전하는 재산에 대하여 조세 또는 이에 유사한 과징금을 부과 받지 아니한다.
2. 합중국 군대의 구성원, 군속 및 그들의 가족은, 이들이 제13조에 규정된 제 기관을 포함한 합중국 군대에서 근무하거나 고용된 결과로 취득한 소득에 대하여, 대한민국 정부 또는 대한민국에 있는 기타 과세 기관에 대하여 어떠한 대한민국의 조세도 납부할 의무를 부담하지 아니한다. 합중국 군대의 구성원, 군속 또는 그들의 가족이라는 이유만으로써 대한민국에 체류하는 자는 대한민국 밖에서의 원천으로부터 발생한 소득에 대하여, 대한민국 정부 또는 대한민국에 있는 어느 과세 기관에 대하여서도 어떠한 대한민국의 조세도 이를 납부할 의무를 부담하지 아니하며, 또한 이러한 자가 대한민국에 체류하는 기간은, 대한민국 조세의 부과 상, 대한민국에 거소나 주소를 가지는 기간으로 간주되지 아니한다. 본 조의 규정은 이러한 자에 대하여 본 항 첫 단에서 규정하고 있는 원천 이외의 대한민국의 원천에서 발생한 소득에 대하여, 대한민국 조세의 납부 의무를 면제하지 아니하며, 또한 합중국의 소득세 때문에 대한민국에 주소가 있다고 신립(申立)하는 합중국 시민에 대하여는 소득에 대한 대한민국 조세의 납부를 면제하지 아니한다.
3. 합중국 군대의 구성원, 군속 및 그들의 가족은 그들이 단지 일시적으로 대한

민국에 체류한 것에 기인하여, 대한민국에 소재하는 동산 또는 무체재산권의 보유, 사용 및 이들 상호간의 이전 또는 사망에 의한 이전에 대하여는 대한민국에서의 과세로부터 면제받는다. 다만, 이러한 면제는 대한민국 안에서 투자를 위하거나 사업을 행하기 위하여 보유한 재산 또는 대한민국에서 등록된 어떠한 무체재산권에도 적용되지 아니한다.

제15조 초청계약자(Invited Contractors)

1. (가) 합중국의 법률에 따라 조직된 법인, (나) 통상적으로 합중국에 거주하는 그의 고용원 및 (다) 전기(前記)한 자의 가족을 포함하여 합중국 군대 또는 동 군대로부터 군수지원을 받는 통합사령부 산하 주한 외국군대를 위한 합중국과의 계약 이행만을 위하여 대한민국에 체류하고 또한 합중국 정부가 하기(下記) 제2항의 규정에 따라 지정한 자는, 본 조에 규정된 경우를 제외하고는 대한민국의 법령에 따라야 한다.
2. 전기(前記) 제1항에 규정된 지정은 대한민국 정부와의 협의에 의하여 이루어져야 하고 또한 안정상의 고려, 관계 업자의 기술상의 적격요건, 합중국의 표준에 합치하는 자재 또는 용역의 결여 또는 합중국의 법령상의 제한 때문에 공개경쟁입찰을 실시할 수 없는 경우에만 행하여져야 한다. 그 지정은 다음의 경우에는 합중국 정부는 이를 철회하여야 한다.
   (가) 합중국 군대 또는 동 군대로부터 군수 지원을 받는 통합사령부 산하 주한 외국군대를 위한 합중국과의 계약의 종료되는 때,
   (나) 이러한 자가 합중국 군대 또는 동 군대로부터 군수지원을 받는 통합사령부 산하 주한 외국 군대 관계의 사업 활동 이외의 사업 활동에 종사하고 있는 사실이 입증되는 때,
   (다) 이러한 자가 대한민국에서 위법한 활동에 종사하는 사실이 입증되는 때,
3. 이러한 자는, 그의 신분에 관한 합중국 관계당국의 증명이 있는 때에는, 본 협정상의 다음의 이익이 부여된다.
   (가) 제10조 제2항에 규정된 출입 및 이동,
   (나) 제8조의 규정에 따른 대한민국에의 입국,
   (다) 합중국 군대의 구성원, 군속 및 그들의 가족에 대하여 제9조 제3항에 규정된 관세 및 기타 과정금의 면제,

(라) 합중국 정부에 의하여 인정되는 때에는, 제13조에 규정된 기관의 용역 이용,

(마) 합중국 군대의 구성원, 군속 및 그들의 가족에 대하여 제18조 제2항에 규정된 것,

(바) 합중국 정부에 의하여 인정되는 때에는, 제19조에 규정된 바에 따른 군표의 사용,

(사) 제20조에 규정된 우편 시설의 이용,

(아) 공익사업과 용역에 관하여, 제6조에 의하여 합중국 군대에 부여되는 우선권, 조건, 사용료나 요금에 따르는 공익사업과 용역의 이용,

(자) 고용 조건 및 사업과 법인의 면허와 등록에 관한 대한민국 법령의 적용으로부터의 면제,

4. 이러한 자의 도착, 출발 및 대한민국에 있는 동안의 거소는 합중국 군대가 대한민국 당국에 이를 수시로 통고하여야 한다.

5. 이러한 자가 제1항에 규정된 계약이행만을 위하여 보유하고 사용하며 또한 이전하는 감가상각자산(가옥을 제외한다)에 대하여는, 합중국 군대의 권한있는 대표의 증명이 있는 때에는, 대한민국의 조세 및 이에 유사한 과정금을 부과하지 아니한다.

6. 이러한 자는, 합중국 군대의 권한 있는 대표의 증명이 있는 때에는, 그들이 단지 일시적으로 대한민국에 체류한 것에 기인하여 대한민국에 소재하는 동산 또는 무체 재산권의 보유, 사용, 사망에 의한 이전 또는 본 협정에 따라 면제받는 권리를 가지는 개인 또는 기관에의 이전에 대하여 대한민국에서의 과세로부터 면제된다. 다만, 이러한 면제는 대한민국 내에서 투자를 위하거나 기타의 사업을 행하기 위하여 보유한 재산 또는 대한민국에서 등록된 어떠한 무체재산권에도 적용되지 아니한다.

7. 이러한 자는, 본 협정에 규정된 어느 것의 시설이나 구역의 건설, 유지 또는 운영에 관한 합중국 정부와의 계약에 의하여 발생하는 소득에 대하여, 대한민국 정부 또는 대한민국에 있는 기타의 과세기관에 소득세 또는 법인세를 납부할 의무를 지지 아니한다. 이러한 합중국과의 계약의 이행과 관련하여, 대한민국에 체류하는 자는 대한민국 밖의 원천으로부터 발생하는 소득에 대하여 대한민국 정부 또는 대한민국에 있는 과세 기관에 어떠한 대한민국 조

세도 납부할 의무를 지지 아니하며, 또한 이러한 자가 대한민국에 체류하는 기간은 대한민국 조세의 부과상 대한민국에 거소나 주소를 가지는 기간으로 간주되지 아니한다. 본 항의 규정은 이러한 자에 대하여, 본 항의 첫 단에 규정된 원천 이외의 대한민국의 원천으로부터 발생하는 소득에 대하여 소득세 또는 법인세의 납부를 면제하는 것이 아니며, 또한 합중국의 소득세 때문에 대한민국 거소가 있다고 신고하는 자에 대하여는 대한민국의 조세납부를 면제하지 아니한다.

8. 대한민국 당국은 대한민국 안에서 발생한 범죄로서 대한민국 법령에 의하여 처벌할 수 있는 범죄에 관하여 이러한 자에 대하여 재판권을 행사할 권리를 가진다. 대한민국의 방위에 있어서의 이러한 자의 역할을 인정하여 그들은 제22조 제5항, 제7항 (나), 제9항 및 동관계 합의 의사록의 규정에 따라야 한다. 대한민국 당국이 재판권을 행사하지 아니하기로 결정하는 경우에는 대한민국 당국은 조속히 합중국 군당국에 통고하여야 한다. 합중국 군당국은 이러한 통고를 접수하면 합중국 법령에 의하여 부여된 바에 따라 전기(前記)의 자에 대하여 재판권을 행사할 권리를 가진다.

제16조 헌지 조달(Local Procurement)

1. 합중국은 본 협정의 목적을 위하거나 본 협정에 인정되는 바에 따라 대한민국 안에서 공급 또는 제공될 자재, 수용품, 비품 및 용역(건축공사를 포함한다)의 조달을 위하여 계약자, 공급자 또는 용역을 제공하는 자의 선택에 관하여 제한을 받지 아니하고 계약 할 수 있다. 이러한 자재, 수용품, 비품 밎 용역은 양 정부의 관계 당국 간에 합의되는 바에 따라 대한민국 정부를 통하여 조달될 수 있다.
2. 합중국 군대의 유지를 위하여 현지에서 공급될 필요가 있는 자재, 수용품, 비품 및 용역으로서 그 조달이 대한민국의 경제에 악영향을 미칠 우려가 있는 것은 대한민국의 관계 당국과의 조정 하에, 또한 요망되는 경우에는, 대한민국의 관계 당국을 통하거나 그 원조를 얻어 조달되어야 한다.
3. 공인 조달기관을 포함한 합중국 군대가 대한민국 안에서 공용을 위하여 조달하는 자재, 수용품, 비품 및 용역 또는 합중국 군대의 최종 소비 사용을 위하여 조달하는 자재, 수용품, 비품 및 용역은 동 합중국 군대가 사전에 적절한 증명서를 제시하면 다음의 대한민국 조세가 면제된다.

(가) 물품세,

(나) 통행세,

(다) 석유류세,

(라) 전기가스세,

(마)영업세,

양국 정부는 본조에 명시하지 아니한 대한민국의 현재 또는 장래의 조세로서, 합중국 군대에 의하여 조달되거나 최종적으로 사용되기 위한 자재, 수용품, 비품 및 용역의 총 구입가격의 상당한 부분 및 용이하게 판별할 수 있는 부분을 이루는 것이라고 인정되는 것에 관하여 본 조의 목적에 합지하는 면세 또는 감세를 인정하기 위한 절차에 관하여 합의한다.

4. 합중국 군대의 구성원, 군속 및 그들의 가족은, 본 조를 이유로 하여, 대한민국 안에서 부과할 수 있는 물품 및 용역의 개인적 구입에 대하여 조세 또는 이에 유사한 공과금의 면제를 향유하는 것은 아니다.
5. 제3항에 규정된 조세의 면제를 받아 대한민국에서 구입한 물품은, 대한민국 당국과 합중국 당국이 상호간에 합의하는 조건에 따라 처분을 인정하는 경우를 제외하고는, 당해 물품을 면세로 구입하는 권리를 가지지 아니하는 자에 대하여 대한민국 안에서 이를 처분하여서는 아니 된다.

제17조 노무(Labor)

1. 본 조에 있어서

(가) "고용주"라 함은, 합중국 군대(비세출 자금기관을 포함한다) 및 제15조 제1항에 규정된 자를 말한다.

(나) "고용원" 이라 함은, 고용주가 군속이나 제15조에 규정된 계약자의 고용원이 아닌 민간인을 말한다. 다만, (1) 한국노무단(KSC)의 구성원 및 (2) 합중국군대의 구성원, 군속 또는 그들의 가족의 개인이 고용한 가사 사용인은 제외된다. 이러한 고용원은 대한민국 국민이어야 한다.

2. 고용주는 그들의 인원을 모집하고 고용하며 관리할 수 있다. 대한민국 정부의 모집사무기관은 가능한 한 이용된다. 고용주가 고용원을 직접 모집하는 경우에는, 고용주는 노동행정상 필요한 적절한 정보를 대한민국 노동청에 제공한다.

3. 본 조의 규정과 합중국 군대의 군사상 필요에 배치되지 아니하는 한도 내에서, 합중국 군대가 그들의 고용원을 위하여 설정한 고용조건, 보상 및 노사관계는 대한민국의 노동법령의 제 규정에 따라야 한다.
4. (가) 고용주와 고용원이나 승인된 고용원 단체간의 쟁의로서, 합중국 군대의 불평처리 또는 노동관계 절차를 통하여 해결될 수 없는 것은, 대한민국 노동법령중 단체행동에 관한 규정을 고려하여, 다음과 같이 해결되어야 한다.
   (1) 쟁의는 조정을 위하여 대한민국 노동청에 회부되어야 한다.
   (2) 그 쟁의가 전기(前記) (1)에 규정된 절차에 의하여 해결되지 아니한 경우에는, 그 문제는 합동위원회에 회부되며, 또한 합동위원회는 새로운 조정에 노력하고 그가 지정하는 특별위원회에 그 문제를 회부할 수 있다.
   (3) 그 쟁의가 전기(前記)의 절차에 의하여 해결되지 아니한 경우에는, 합동위원회는, 신속한 절차가 뒤따를 것이라는 확증하에, 그 쟁의를 해결한다. 합동위원회의 결정은 구속력을 가진다.
   (4) 어느 승인된 고용원 단체 또는 고용원이 어느 쟁의에 대한 합동위원회의 결정에 불복하거나, 또는 해결 절차의 진행중 정상적인 업무 요건을 방해하는 행동에 종사함은 전기(前記)단체의 승인 철회 및 고용원의 해고에 대한 정당한 사유로 간주된다.
   (5) 고용된 단체나 고용원은 쟁의가 전기(前記) (2)에 규정된 합동위원회에 회부된 후, 적어도 70일의 기간이 경과되지 아니하는 한, 정상적인 업무 요건을 방해하는 어떠한 행동에도 종사하여서는 아니된다.

   (나) 고용원 또는 고용원 단체는 노동쟁의가 전기(前記) 절차에 의하여 해결되지 아니하는 경우에는 계속 단체행동권을 가진다. 다만, 합동위원회가 이러한 행동이 대한민국의 공동방위를 위한 합중국 군대의 군사작전을 심히 방해한다고 결정하는 경우에는 제외한다. 합동위원회에서 이 문제에 관하여 합의에 도달할 수 없을 경우에는 그 문제는 대한민국 정부의 관계관과 아메리카 합중국 외교사절간의 토의를 통한 재검토의 대상이 될 수 있다.

   (다) 본 조의 적용은, 전쟁, 적대행위 또는 전쟁이나 적대행위가 절박한 상태와 같은 국가 비상시에는, 합중국 군 당국과의 협의 하에 대한민국 정부가 취하는 비상조치에 따라 제한된다.

5. (가) 대한민국이 노동력을 배정할 경우에는, 합중국 군대는 대한민국 국군이 가지는 것보다 불리하지 아니한 배정특권이 부여되어야 한다.
   (나) 전쟁, 적대행위 또는 정쟁이나 적대행위가 절박한 상태와 같은 국가비상 시에는, 합중국 군대의 임무에 긴요한 기술을 습득한 고용원은, 합중국 군대의 요청에 따라, 상호협의를 통하여 대한민국의 병역이나 또는 기타 강제 복무가 연기되어야 한다. 합중국 군대는 긴요하다고 인정되는 고용원의 명단을 대한민국에 사전에 제공하여야 한다.
6. 군속은 그들의 임용과 고용 조건에 관하여 대한민국의 제 법령에 따르지 아니한다.

제18조 외환관리(Foreign Exchange Controls)

1. 합중국 군대의 구성원, 군속 및 그들의 가족은 대한민국 정부의 외환 관리에 따라야 한다.
2. 전항의 규정은, 합중국 "불" 또는 "불" 증권(dollar instruments)으로서, 합중국의 공급인 것 또는 합중국 군대의 구성원 및 군속이 본 협정과 관련하여 근무하거나 고용된 결과로서 취득한 것, 또는 이러한 자와 그들이 가족이 대한민국 밖의 원천으로부터 취득한 것의 대한민국으로의 또는 대한민국으로부터의 이전을 막는 것으로 해석되지 아니한다.
3. 합중국 당국은 전항에 규정된 특권의 남용 또는 대한민국의 외환 관리의 회피를 방지하기 위한 필요한 조취를 취하여야 한다.

제19조 군표(Military Payment Certificates)

1. (가) "불"로 표시된 합중국 군표는 합중국에 의하여 인가받은 자가 그들 상호간의 거래를 위하여 사용할 수 있다. 합중국 정부는, 합중국의 규칙이 허용하는 경우를 제외하고는, 인가받은 자가 군표를 사용하는 거래에 종사하는 것을 금지하도록 보장하기 위한 적당한 조치를 취한다. 대한민국 정부는 인가받지 아니한 자가 군표를 사용하는 거래에 종사하는 것을 금지하기 위한 필요한 조치를 취하며 또한 합중국 당국의 원조를 얻어, 군표의 위조 또는 위조 군표의 사용에 관여하는 자로서 대한민국 당국의 재판권에 따르는 자를 체포하고 처벌할 것을 약속한다.

(나) 합중국 당국은, 합중국의 법률이 허용하는 한도까지, 인가받지 아니한 자에 대하여 군표를 행사하는 합중국 군대의 구성원, 군속 및 그들의 가족을 체포하고 처벌할 것에 합의하며, 또한 대한민국 안에서 허용되지 아니하는 사용의 결과로서, 합중국이나 그 기관이 이러한 인가를 받지 아니한 자 또는 대한민국 정부나 그 기관에 대하여 어떠한 의무도 부담시키지 아니할 것에 합의한다.

2. 합중국은, 군표를 관리하기 위하여, 합중국의 감독하에 합중국에 의하여 군표 사용을 인가받은 자의 사용을 위한 시설을 유지하고 운영하는 일정한 아메리카의 금융기관을 지정할 수 있다. 군용 은행시설의 유지를 인가받은 금융기관은, 이러한 시설을 당해 기관의 대한민국의 상업금융업체로부터 장소적으로 분리하여 설치하고 유지할 것이며, 이러한 시설을 유지하고 운영하는 것을 유일의 임무로 하는 직원을 둔다. 이러한 시설은 합중국 통화에 의한 은행 계정을 유지하고 또한 이러한 계정과 관련된 모든 금융거래(본 협정 제18조 제2항에 규정된 범위 내에서의 자금의 영수 및 송금을 포함한다)를 행하는 것이 허용된다.

제20조 군사우체국(Military Post Offices)

합중국은 대한민국에 있는 합중국 군사 우체국간 및 이러한 군사 우체국과 기타 합중국 우체국간에 있어서의 우편물의 송달을 위하여 합중국 군대가 사용하고 있는 시설 및 구역안에 합중국 군대의 구성원, 군속 및 그들의 가족이 이용하는 합중국 군사 우체국을 설치하고 운영할 수 있다.

제21조 회계 절차(Accounting Procedures)

대한민국 정부와 합중국 정부는 본 협정으로부터 발생하는 금융 거래에 적용할 수 있도록 회계 절차를 위한 약정을 체결할 것을 합의한다.

제22조 형사재판권(Criminal Jurisdiction)

1. 본 조의 규정에 따를 조건으로,

(가) 합중국 군 당국은, 합중국 군대의 구성원, 군속 및 그들의 가족에 대하여, 합중국법령이 부여한 모든 형사 재판권 및 징계권을 대한민국 안에서 행사할 권리를 가진다.

(나) 대한민국 당국은, 합중국 군대의 구성원, 군속 및 그들의 가족에 대하여 대한민국의 영역안에서 범한 범죄로서 대한민국 법령에 의하여 처벌할 수 있는 범죄에 관하여 재판권을 가진다.

2. (가) 합중국 군 당국은 합중국 군대의 구성원이나 군속 및 그들의 가족에 대하여 합중국 법령에 의하여서는 처벌할 수 있으나, 대한민국 법령에 의하여서는 처벌할 수 없는 범죄(합중국의 안전에 관한 범죄를 포함한다.)에 관하여 전속적 재판권을 행사할 권리를 가진다.

(나) 대한민국 당국은 합중국 군대의 구성원이나 군속 및 그들의 가족에 대하여 대한민국 법령에 의하여서는 처벌할 수 있으나, 대한민국 법령에 의하여서는 처벌할 수 없는 범죄(대한민국의 안전에 관한 범죄를 포함한다.)에 관하여 전속적 재판권을 행사할 권리를 가진다.

(다) 본 조 제2항 및 제3항의 적용상, 국가의 안전에 관한 범죄라 함은 다음의 것을 포함한다.

(1) 당해국에 대한 반역,

(2) 방해 행위(sabotage), 간접행위 또는 당해국의 공무상 또는 국방상의 비밀에 관한 법령의 위반.

3. 재판권을 행사할 권리가 경합하는 경우에는, 다음의 규정이 적용된다.

(가) 합중국 군 당국은, 다음의 범죄에 관하여는, 합중국 군대의 구성원이나 군속 및 그들의 가족에 대하여 재판권을 행사할 제1차적 권리를 가진다.

(1) 오로지 합중국의 재산이나 안전에 대한 범죄, 또는 오로지 합중국 군대의 타 구성원이나 군속 또는 그들의 가족의 신체나 재산에 대한 범죄,

(2) 공무 집행 중의 작위 또는 부작위(act or omission)에 의한 범죄.

(나) 기타의 범죄에 관하여는 대한민국 당국이 재판권을 행사할 제1차적 권리를 가진다.

(다) 제1차적 권리를 가지는 국가가 재판권을 행사하지 아니하기로 결정한 때에는, 가능한 한 신속히 타방 국가 당국에 그 뜻을 통고하여야 한다. 제1차적 권리를 가지는 국가의 당국은, 타방 국가가 이러한 권리 포기를 특히 중요하다고 인정하는 경우에 있어서, 그 타방 국가의 당국으로부터 그 권리포기의 요청이 있으면, 그 요청에 대하여 호의적 고려를 하여야 한다.

4. 본 조의 전기(前記) 제 규정은 합중국 군당국이 대한민국의 국민인 자 또는 대한민국에 통상적으로 거주하고 있는 자에 대하여 재판권을 행사할 권리를 가진다는 것을 뜻하지 아니한다. 다만, 그들이 합중국 군대의 구성원인 경우에는 그러하지 아니한다.
5. (가) 대한민국 당국과 합중국 군당국은, 대한민국 영역안에서 합중국 군대의 구성원, 군속 또는 그들의 가족을 체포함에 있어서 그리고 다음의 규정에 따라 그들을 구금할 당국에 인도함에 있어서, 상호 조력하여야 한다.
   (나) 대한민국 당국은 합중국 군당국에 합중국 군대의 구성원, 군속 또는 그들의 가족의 체포를 즉시 통고하여야 한다. 합중국 군당국은, 대한민국이 재판권을 행사할 제1차적 권리를 가지는 경우에 있어서, 합중국 군대의 구성원, 군속 또는 그들의 가족의 체포를 대한민국 당국에 즉시 통지하여야 한다.
   (다) 대한민국이 재판권을 행사할 합중국 군대의 구성원, 군속 또는 그들의 가족인 피의자의 구금은, 그 피의자가 합중국 군당국의 수중에 있는 경우에는, 모든 재판절차가 종결되고 또한 대한민국 당국이 구금을 요청할 때까지, 합중국 군당국이 계속 이를 행한다. 그 피의자가 대한민국의 수중에 있는 경우에는, 그 피의자는, 요청이 있으면, 합중국 군당국에 인도되어야 하며 모든 재판 절차가 종결되고 또한 대한민국 당국이 구금을 요청할 때까지, 합중국 군 당국이 계속 구금한다. 피의자가 합중국 군 당국의 구금 하에 있는 경우에는, 합중국 군 당국은 어느 때든지 대한민국 당국에 구금을 인도할 수 있으며, 또한 특정 사건에 있어서 대한민국 당국이 행할 수 있는 구금 인도의 요청에 대하여 호의적 고려를 하여야 한다. 합중국 군 당국은, 수사와 재판을 위한 요청이 있으면 즉시 대한민국 당국으로 하여금 이러한 피의자 또는 피고인에 대한 수사와 재판을 할 수 있게 하여야 하며, 또한 이러한 목적을 위하고 사법 절차의 진행에 대한 장애를 방지하기 위하여 모든 적절한 조치를 취하여야 한다. 합중국 군 당국은 대한민국 당국이 행한 구금에 관한 특별한 요청에 대하여 충분히 고려하여야 한다. 대한민국 당국은, 합중국 군 당국이 합중국 군대의 구성원, 군속 또는 가족인 피의자의 구금을 계속함에 있어서 동 당국으로부터 조력을 요청하면, 이 요청에 대하여 호의적 고려를 하여야 한다.

(라) 제2항 (다)에 규정된 오로지 대한민국의 안전에 대한 범죄에 과한 피의자는 대한민국 당국의 구금하에 두어야 한다.

6. (가) 대한민국 당국과 합중국 군 당국은, 범죄에 대한 모든 필요한 수사의 실시 및 증거의 수집과 제출(범죄에 관련된 물건의 압수 및 상당한 경우에는 그의 인도를 포함한다.)에 있어서 상호 조력하여야 한다. 그러나, 이러한 물건은 인도를 하는 당국이 정하는 기간 내에 환부할 것을 조건으로 인도할 수 있다.

(나) 대한민국 당국과 합중국 군 당국은 재판권을 행사할 권리가 경합하는 모든 사건의 처리를 상호 통고하여야 한다.

7. (가) 사형의 판결은, 대한민국의 법령이 같은 경우에 사형을 규정하고 있지 아니한 때에는 합중국 군당국이 대한민국 안에서 이를 집행하여서는 아니 된다.

(나) 대한민국 당국은 합중국 군 당국이 본 조의 규정에 따라 선고한 자유형을 대한민국 영역 안에서 집행함에 있어서 합중국 군 당국으로부터 조력을 요청하면 이 요청에 대하여 호의적 고려를 하여야 한다. 대한민국 당국은 또한 대한민국 법원이 선고한 구금형에 복역하고 있는 합중국 군대의 구성원, 군속 또는 그들의 가족의 구금 인도를 합중국 당국이 요청하면, 이 요청에 대하여 호의적 고려를 하여야 한다. 이와 같이 구금이 합중국 군 당국에 인도된 경우에는, 합중국은 구금형의 복역이 종료되거나 또는 이러한 구금으로부터의 석방이 대한민국 관계 당국의 승인을 받을 때까지 합중국의 적당한 구금 시설 안에서 그 개인의 구금을 계속할 의무를 가진다.

이러한 경우에, 합중국 당국은 대한민국 당국에 관계 정보를 정규적으로 제공하여야 하며, 또한 대한민국 정부 대표는 대한민국 법원이 선고한 형을 합중국과의 구금 시설 안에서 복역하고 있는 합중국 군대의 구성원, 군속 또는 가족과 접견할 권리를 가진다.

8. 피고인이 본 조의 규정에 따라 대한민국 당국이나 합중국 군당국 중의 어느 일방 당국에 의하여 재판을 받은 경우에 있어서, 무죄 판결을 받았을 때, 또는 유죄 판결을 받고 복역중에 있거나 복역을 종료하였을 때 또는 그의 형이 감형되었거나 집행 정지되었을 때 또는 사면되었을 때에는, 그 피고인은

타방 국가 당국에 의하여 대한민국의 영역안에서 동일한 범죄에 대하여 이중으로 재판받지 아니한다. 그러나, 본 항의 어떠한 규정도, 합중국 군당국이 합중국 군대의 구성원을 그 자가 대한민국 당국에 의하여 재판을 받은 범죄를 구성한 작위나 부작위에 의한 군기 위반에 대하여, 재판하는 것을 막는 것은 아니다.

9. 합중국 군대의 구성원, 군속 또는 그들의 가족은, 대한민국의 재판권에 의하여 공소가 제기되는 때에는 언제든지 다음의 권리는 가진다.
   (가) 지체없이 신속한 재판을 받을 권리,
   (나) 공판전에 자신에 대한 구체적인 공소 사실의 통지를 받을 권리,
   (다) 자신에 불리한 증인과 대면하고 그를 신문할 권리,
   (라) 증인이 대한민국의 관할 내에 있는 때에는, 자신을 위하여 강제적 절차에 의하여 증인을 구할 권리,
   (마) 자신의 변호를 위하여 자기가 선택하는 변호인을 가질 권리 또는 대한민국에서 그 당시에 통상적으로 행하여지는 조건에 따라 비용을 요하지 아니하거나 또는 비용의 보조를 받는 변호인을 가질 권리,
   (바) 피고인이 필요하다고 인정하는 때에는, 유능한 통역인의 조력을 받을 권리,
   (사) 합중국의 정부 대표와 접견 교통할 권리 및 자신의 재판에 그 대표를 입회시킬 권리.

10. (가) 합중국 군대의 정규 편성부대 또는 편성대는 본 협정 제2조에 따라 사용하는 시설이나 구역에서 경찰권을 행사할 권리를 가진다. 합중국 군대의 군사 경찰은 동 시설 및 구역 안에서 질서 및 안전의 유지를 보장하기 위하여 모든 적절한 조치를 취할 수 있다.
   (나) 이러한 시설 및 구역 밖에서는 전기(前記)의 군사 경찰은, 반드시 대한민국 당국과의 약정에 따를 것을 조건으로 하고 또한 대한민국 당국과의 연결 하에, 행사되어야 하며, 그 행사는 합중국 군대의 구성원간의 규율과 질서의 유지 및 그들의 안정보장을 위하여 필요한 범위 내에 국한된다.

11. 상호방위조약 제2조가 적용되는 적대행위가 발생할 경우에는, 형사재판권에 관한 본 협정의 규정은 즉시 그 적용이 정지되고 합중국 군당국은 합중국

군대의 구성원, 군속 및 그들의 가족에 대한 전속적 재판권을 행사할 권리를 가진다.

12. 본 조의 규정은 본 협정의 효력 발생전에 범한 어떠한 범죄에도 적용되지 아니한다. 이러한 사건에 대하여는, 1950년 7월 12일자 대전에서 각서 교환으로 효력이 발생된 대한민국과 합중국간의 협정의 규정을 적용한다.

제23조 청구권(Claims)

1. 각 당사국은, 자국이 소유하고 자국의 군대가 사용하는 재산에 대한 손해에 관하여,

   다음의 경우에는 타방 당사국에 대한 모든 청구권을 포기한다.

   (가) 손해가 타방 당사국 군대의 구성원 또는 고용원에 의하여 그의 공무집행 중에 일어난 경우, 또는

   (나) 손해가 타방 당사국이 소유하고, 동국의 군대가 사용하는 차량, 선박 또는 항공기의 사용으로부터 일어난 경우, 다만, 손해를 일으킨 차량, 선박, 또는 항공기가 공용을 위하여 사용되고 있었을 때, 또는 손해가 공용을 위하여 사용되고 있는 재산에 일어났을 때에만 한한다. 해난 구조에 관한 일방 당사국의 타방 당사국에 대한 청구권은, 이를 포기한다. 다만, 구조된 선박이나 선하가, 타방 당사국이 소유하고 동국의 군대가 공용을 위하여 사용중이던 경우에 한한다.

2. (가) 제1항에 규정된 손해가 어느 일방 당사국이 소유하는 기타 재산에 일어난 경우에는 양 정부가 달리 합의하지 아니하는 한, 본 항 (나)의 규정에 따라 선정되는 일인의 중재인이 타방 당사국의 책임 문제를 결정하고 또한 손해액을 사정한다. 이 중재인은 또한 동일 사건으로부터 발생하는 어떠한 반대의 청구도 재정한다.

   (나) 전기(前記) (가)에 규정된 중대인은 양 정부 간의 합의에 의하여, 사법관계의 상급 지위에 잇거나 또는 있었던 대한민국 국민 중에서 이를 선정한다.

   (다) 중재인이 행한 재정은 양 당사국에 대하여 구속력이 있는 최종적인 것이다.

   (라) 중재인이 재정한 모든 배상금은 본 조 제 5항 (마)의 (1), (2) 및 (3)의 규정에 따라 이를 분담한다.

(마) 중재인의 보수는 양 정부간의 합의에 의하여 정하여지며, 양 정부가 중재인의 임무 수행에 따르는 필요한 비용과 함께 균등한 비율로 분담하여 이를 지급한다.

(바) 각 당사국은 이러한 어떠한 경우에도 일천사백 합중국불($1,400) 또는 대한민국 통화로 이에 해당되는 액수(청구가 제기된 때에 제18조의 합의의 사록에 규정된 환율에 의한다.) 이하의 금액에 대하여는 각기 청구권을 포기한다.

3. 본 조 제1항 및 제2항의 적용상, 선박에 관하여 "당사국의 소유"라 함은, 그 당사국이 나용선 계약에 의하여 임차한 선박, 나선 조건으로 징발한 선박 또는 나포한 선박을 포함한다.(다만, 손실의 위험 또는 책임이 당해 당사국 이외의 자에 의하여 부담되는 한에 있어서는 그러하지 아니하다.)

4. 각 당사국은 자국 군대의 구성원이 그의 공무 집행에 종사하고 있었을 때에 입은 부상이나 사망에 관한 타방 당사국에 대한 모든 청구권을 포기한다.

5. 공무 집행중의 합중국 군대의 구성원이나 고용원(대한민국 국민이거나 대한민국에 통상적으로 거주하는 고용원을 포함한다)의 작위 또는 부작위, 또는 합중국 군대가 법률상 책임을 지는 기타의 작위, 부작위 또는 사고로서, 대한민국 안에서 대한민국 정부이외의 제3자에 손해를 가한 것으로부터 발생하는 청구권(계약에 의한 청구권 및 본조 제6항이나 제7항의 적용을 받는 청구권은 제외된다)은, 대한민국이 다음의 규정에 따라 이를 처리한다.

(가) 청구는 대한민국 군대의 행동으로부터 발생하는 청구권에 관한 대한민국의 법령에 따라 제기하고 심사하여 해결하거나 또는 재판한다.

(나) 대한민국은 전기(前記)한 어떠한 청구도 해결할 수 있으며, 또한 합의되거나 재판에 의하여 결정된 금액의 지급은 대한민국이 "원" 화로써 이를 행한다.

(다) 이러한 지급(합의에 의한 해결에 따라 행하여지거나 또는 대한의 관할 법원에 의한 판결에 따라 행하여지거나를 불문한다)이나 또는 지급을 인정하지 아니한다는 전기(前記) 법원에 의한 최종적 판결은 양 당사국에 대하여 구속력이 있는 최종적인 것이다.

(라) 대한민국이 지급한 각 청구는, 그 명세 및 하기 (마)의 (1) 및 (2)의 규정에 의한 분담안과 함께, 합중국의 관계 당국에 통지한다. 2개월 이내에 회답이 없는 경우에는, 그 분담안은 수락된 것으로 간주한다.

(마) 전기(前記) (가) 내지 (라)의 규정 및 제2항의 규정에 따라 청구를 충족시키는데 소요된 비율은, 양 당사국이 다음과 같이 분담한다.

(1) 합중국만이 책임이 있는 경우에는, 제정되어 합의되거나 또는 재판에 의하여 결정된 금액은 대한민국이 그의 25%를, 합중국이 그의 75%를 부담하는 비율로 이를 분담한다.

(2) 대한민국과 합중국이 손해에 대하여 책임이 있는 경우에는, 재결되어 합의되거나 또는 재판에 의하여 결정된 금액은 양 당사국이 균등히 이를 분담한다. 손해가 대한민국 군대나 합중국 군대에 의하여 일어나고 그 손해를 이들 군대의 어느 일방 또는 쌍방의 책임으로 특정할 수 없는 경우에는 재정되어 합의되거나 또는 재판에 의하여 결정된 금액은, 대한민국과 합중국이 균등히 이를 분담한다.

(3) 손해배상책임, 배상금액 및 비율에 의한 분담안에 대하여 양국 정부가 인정한 각 사건에 관하여 대한민국이 6개월 기간에 지급한 금액의 명세서는, 변상 요구서와 함께, 매 6개월마다 합중국 관계 당국에 이를 송부한다. 이러한 변상은 가능한 최단시일내에 "원" 화로써 하여야 한다. 본 항에 규정된 양국 정부의 인정은, 제2항 (다) 및 제5항 (다)에 각각 규정되어 있는 중재인에 의한 어떠한 결정이나 또는 대한민국의 관할 법원에 의한 판결을 침해하여서는 안된다.

(바) 합중국 군대 구성원이나 고용원(대한민국의 국적을 가지거나 대한민국에 통상적으로 거주하는 고용원을 포함한다.)은 그들의 공무집행으로부터 일어난 사항에 있어서는 대한민국 안에서 그들에 대하여 행하여진 판결의 집행 절차에 따르지 아니한다.

(사) 본 항의 규정은, 전기(前記) (마)의 규정이 본 조 제2항에 규정된 청구권에 적용되는 범위를 제외하고는 선박의 항해나 운용 또는 화물의 선적, 운송이나 양륙에서 발생하거나 또는 이와 관련하여 발생하는 청구권에 대하여는 적용되지 아니한다. 다만, 본 조 제4항이 적용되지 아니하는 사망이나 부상에 대한 청구권에 관하여는 그러하지 아니하다.

6. 대한민국 안에서 불법한 작위 또는 부작위로서, 공무 집행중에 행하여진 것이 아닌 것으로부터 발생한 합중국 군대의 구성원 또는 고용원(대한민국의 국민인 고용원 또는 대한민국에 통상적으로 거주하는 고용원을 제외한다)에 대한 청구권은, 다음의 방법으로 이를 처리한다.

(가) 대한민국 당국은, 피해자의 행동을 포함한 당해 사건에 관한 모든 사정을 고려하여, 공평하고 공정한 방법으로 청구를 심사하고 청구인에 대한 배상금을 사정하며, 그 사건에 관한 보고서를 작성한다.

(나) 그 보고서는 합중국 관계 당국에 송부되며, 합중국 당국은 지체없이 보상금 지급의 제의 여부를 결정하고, 또한 제의를 하는 경우에는 그 금액을 결정한다.

(다) 보상금 지급의 제의가 행하여진 경우, 청구인이 그 청구를 완전히 충족하는 것으로서 이를 수락하는 때에는 합중국 당국은 직접 지급하여야 하며 또한 그 결정 및 지급한 금액을 대한민국 당국에 통고한다.

(라) 본 항의 규정은, 청구를 완전히 충족시키는 지급이 행하여지지 아니하는 한, 합중국 군대의 구성원 또는 고용원에 대한 소송을 수리할 대한민국 법원의 재판권에 영향을 미치는 것은 아니다.

7. 합중국 군대 차량의 허가받지 아니한 사용으로부터 발생하는 청구권은, 합중국 군대가 법률상 책임을 지는 경우를 제외하고는, 본 조 제6항에 따라 이를 처리한다.

8. 합중국 군대의 구성원 또는 고용원의 불법적인 작위나 부작위가 공무집행 중에 행하여진 것인지의 여부 또는 합중국 군대의 차량 사용이 허가 받지 아니한 것인지의 여부에 관하여 분쟁이 발생한 경우에는, 그 문제는 본 조 제2항 (나)의 규정에 따라 선입된 중재인에게 회부하며, 이 점에 관한 동 중재인의 재정은 최종적이며 확정적이다.

9. (가) 합중국은, 대한민국 법원의 민사재판권에 관하여, 합중국 군대의 구성원 또는 고용원의 공무 집행으로부터 발생하는 문제에 있어서 대한민국 안에서 그들에 대하여 행하여진 판결의 집행 절차에 관한 경우, 또는 청구를 완전히 충족시키는 지급을 한 후의 경우를 제외하고는, 합중국 군대의 구성원 또는 고용원에 대한 대한민국 법원의 재판권으로부터의 면제를 주장하여서는 아니된다.

(나) 합중국 군대가 사용하고 있는 시설과 구역 안에 대한민국 법률에 의거한 강제집행에 따른 사유동산(합중국 군대가 사용하고 있는 동산을 제외한다.)이 있을 때에는, 합중국 당국은, 대한민국 법원의 요청에 따라 이러한 재산이 대한민국 당국에 인도되도록 그의 권한 내의 모든 원조를 제공한다.

(다) 대한민국 당국과 합중국 당국은 본 조의 규정에 의거한 청구의 공평한 처리를 위한 증거의 수집에 있어서 협력하여야 한다.

10. 합중국 군대에 의한 또는 동 군대를 위한 자재, 수용품, 비품 및 용역의 조달에 관한 계약으로부터 발생하는 분쟁으로서 그 계약 당사자에 의해서 해결되지 아니하는 것은, 조정을 위하여 합동위원회에 회부할 수 있다. 다만, 본 항의 규정은 계약 당사자가 가질 수 있는 민사소송을 제기할 권리를 침해하지 아니한다.
11. 본조 제2항 및 제5항의 규정은 비전투 행위에 부수하여 발생한 청구에 대하여서만 적용한다.
12. 합중국 군대에 파견 근무하는 대한민국 증원 군대(카츄샤)의 구성원은 본 조의 적용상, 합중국 군대의 구성원으로 간주한다.
13. 본조의 규정은 본 협정의 효력 발생 전에 발생한 청구권에는 적용하지 아니한다. 이러한 청구권은 합중국 당국이 이를 처리하고 해결한다.

제24조 차량과 운전면허(Vehicle and Drivers Licenses)

1. 대한민국은 합중국이나 그 하부 행정 기관이 합중국 군대의 구성원, 군속 및 그들의 가족에 대하여 발급한 운전허가증이나 운전 면허증 또는 군의 운전허가증을 운전시험 또는 수수료를 과하지 아니하고 유효한 것으로 승인한다.
2. 합중국 군대 및 군속의 공용 차량은 명확한 번호표 또는 이를 용이하게 식별할 수 있는 개별적인 기호를 붙여야 한다.
3. 대한민국 정부는 합중국 군대의 구성원, 군속 또는 그들의 가족의 사용 차량을 면허하고 등록한다. 이러한 차량 소유자의 성명 및 동 차량의 면허와 등록을 시행함에 있어서 대한민국 법령이 요구하는 기타 관계 자료는 합중국 정부 직원이 합동위원회를 통하여 대한민국 정부에 이를 제공한다. 면허 감찰 발급의 실비를 제외하고는, 합중국군대의 구성원, 군속 및 그들의 가족은 대한민국에서 차량의 면허, 등록 또는 운행에 관련된 모든 수수료 및 과장금의 납부가 면제되며, 또한 제14조의 규정에 따라 이에 관련된 모든 조세의 납부가 면제된다.

제25조 보안 조치(Security Measures)

대한민국과 합중국은 합중국 군대, 그 구성원, 군속, 제15조에 따라 대한민국에 체류하는 자, 그들의 가족 및 그들의 재산의 안전을 보장하는데 수시로 필요한 조치를 취함에 있어서 협력한다. 대한민국 정부는 대한민국 영역 안에서 합중국의 설비, 비품, 재산, 기록 및 공무상의 정보의 적의한 보안과 보호를 보장하기에 필요한 입법 조치와 기타 조치를 취하며, 또한 제22조에 따라 대한민국 관계법률에 의거하여 범법자의 처벌을 보장하기로 동의한다.

제26조 보건과 위생(Health and Sanitation)

합중국 군대, 군속 및 그들의 가족을 위한 의료 지원을 제공하는 합중국의 권리와 병행하여, 질병의 관리와 예방 및 기타 공중보건, 의료, 위생과 수의 업무의 조정에 관한 공동관심사는 제28조에 따라 설치된 합동위원회에서 양국 정부의 관계 당국이 이를 해결한다.

제27조 예비역의 훈련(Enrollment and Training of Reservists)

합중국은 대한민국에 체류하는 적격의 합중국 시민을 대한민국에서 예비역 군대로 편입시키고 훈련시킬 수 있다.

제28조 합동 위원회(Joint Committee)

1. 달리 규정한 경우를 제외하고는, 본 협정의 시행에 관한 상호 협의를 필요로 하는 모든 사항에 관한 대한민국 정부와 합중국 정부간의 협의 기관으로서 합동위원회를 설치한다. 특히, 합동위원회는 본 협정의 목적을 수행하기 위하여 합중국의 사용에 소요되는 대한민국 안의 시설과 구역을 결정하는 협의 기관으로서 역할한다.
2. 합동위원회는 대한민국 정부 대표 1명과 합중국 정부 대표 1명으로 구성하고, 각 대표는 1명 또는 그 이상의 대리인과 직원단을 둔다. 합동위원회는 그 자체의 절차 규칙을 정하고, 또한 필요한 보조기관과 사무기관을 설치한다. 합동위원회는 대한민국 정부 또는 합중국 정부 중의 어느 일방 정부 대표의 요청이 있을 때에는 어느 때라도 즉시 회합할 수 있도록 조직되어야 한다.
3. 합동위원회가 어떠한 문제를 해결 할 수 없을 때에는, 동 위원회는 이 문제를 적절한 경로를 통하여 그 이상의 검토를 강구하기 위하여 각기 정부에 회부하여야 한다.

第29조 협정의 효력 발생(Entry into Force of Agreement)

1. 본 협정은, 대한민국 정부가 합중국 정부에 대하여 동 협정이 대한민국이 국내법상의 절차에 따라 승인되었다는 서면 통고를 한 날로부터 3개월만에 효력을 발생한다.
2. 대한민국 정부는 본 협정의 규정을 시행하는데 필요한 모든 입법상 및 예산상의 조치를 입법기관에 구할 것을 약속한다.
3. 제22조 제12항에 따를 것을 조건으로, 본 협정은 동 협정의 효력 발생과 동시에, 1950년 7월 12일자 대전에서 각서 교환으로 효력이 발생된 재판관할권에 관한 대한민국 정부와 합중국 정부간의 협정을 폐기하고 이에 대치한다.
4. 1952년 5월 24일자 대한민국과 통합사령부간의 경제 조정에 관한 협정 제3조 제13항은, 본 협정의 범위내에서, 합중국 군대의 구성원, 군속, 초청계약자 또는 그들의 가족에게는 적용되지 아니한다.

第30조 협정의 개정(Revision of Agreement)

어느 일방 정부든지, 본 협정의 어느 조항에 대한 개정을 어느 때든지 요청할 수 있으며, 이 경우에 양국 정부는 적절한 경로를 통한 교섭을 개시하여야 한다.

第31조 협정의 유효 기간(Duration of Agreement)

본 협정 및 본 협정의 합의된 개정은, 양 정부간의 합의에 따라 그 이전에 종결되지 아니하는 한, 대한민국과 합중국 간의 상로방위조약이 유효한 동안, 효력을 가진다.

이상의 증거로서, 하기(下記) 서명자는, 그들 각자의 정부로부터 정당한 권한을 위임받아 본 협정에 서명하였다.
한국어와 영어로 본서 2통을 작성하였다. 양 본은 동등히 정문이나, 해석에 상위가 있을 경우에는 영어본에 따른다.
1966년 7월 9일 서울에서 작성하였다.

대한민국 정부를 위하여: 이 동 원 민 복 기
아메리카 합중국을 위하여: 딘 러브크 윈드롭 지. 브라운

부록3, 북방한계선(NLL) 해전 및 도발

1. 북방한계선(NLL) 해전

가. 제1연평해전

(1) 개요

1999년 6월 15일 연평도 서남방 8NM(15km), 북방한계선(NLL) 4.3NM(8km) 해상에서 북한 경비정의 기습적인 선제사격에 대해 우리 해군 경비함정이 대응사격을 실시한 해전이다. 6월 7일부터 15일까지 다수의 북한 경비정과 어선들이 연평도 서남방에서 북방한계선을 여러 차례 침범하였고, 우리 해군은 무력을 사용하지 않고 퇴거를 시도하였다. 6월 15일 9시 28분 북한 경비정이 선제사격을 가해왔고, 우리 해군 함정들이 즉각 대응사격을 실시하여 이 를 격퇴하였다.

- 참가전력 : 우리 해군-고속정 8척, 초계함 2척 / 북한 해군-경비정 4척, 어뢰정 3척

(2) 작전 경과

- 6월 7~10일, 북한 경비정 3~7척이 어선 보호를 명목으로 연평도 서남방 5.5NM(10km) 해상에서 북방한계선을 1.6~4.9NM(3~9km) 침범하는 도발을 자행하였다. 우리 해군 고속정이 출동하여 교전규칙과 국제법에 의해 퇴거 조치를 실시하였으나, 북한 해군은 이에 응하지 않고 우리 고속정에 대해 충돌작전을 실시하여 손상을 입히는 등 호전적인 행동을 계속하였다.
- 6월 11일, 우리 고속정이 북한 경비정의 충돌작전에 대응하여 '함미 충돌에 의한 밀어내기 작전'을 실시하였다. 북한 경비정은 이후에도 북방한계선을 침범하면서 우리 고속정에 대해 충돌작전을 계속 실시하였고, 우리 고속정은 빠른 기동력을 이용한 회피기동과 포위기동으로 대응하였다.
- 6월 15일 8시 55분, 북방한계선을 침범한 7척의 북한 경비정이 우리 고속정에 충돌작전을 실시하였고, 우리 고속정은 '함미 충돌에 의한 밀어내기 작전' 으로 맞대응하였다.

- 9시 28분, 북한 경비정이 선제사격을 가해 옴에 따라 우리 고속정이 '자위권' 차원에서 즉각 대응사격을 실시하였고, 9시 42분까지 14분간 교전을 실시하였다.
- 9시 42분, 우리 해군은 인도주의적 차원에서 북한 해군에게 침몰 함정의 인명구조와 피해함정 예인 기회를 부여하기 위해 사격을 중지하였다. 또한 우리 함정의 안전을 확보하고 확전을 방지하기 위해 경비 함정들을 남하하도록 조치하였다.

(3) 작전 결과

- 북한 해군은 어뢰정 1척 격침, 경비정 4척과 어뢰정 1척 손상, 다수의 사상자 발생 등 큰 피해를 입고 북방한계선 이북으로 도주하였다.
- 우리 해군은 고속정 5척이 경미한 손상을 입고, 9명이 가벼운 부상을 당하였다.

(4) 교훈

- 남·북한 민간교류 확대와 대북 지원정책이 추진되고 있는 상황에서도 북한 집단의 호전적인 성향과 '한반도 적화통일' 이라는 대남 기본노선에 변화가 없음을 증명한 사건으로 우리 국민들의 안보의식을 고취시키는 계기가 되었다.
- 우리 해군은 북한 해군의 선제기습사격에 대해 교전규칙에 따라 단호하게 대응하여 적을 완전하게 제압함으로써 대북 군사력의 질적 우위를 입증하고 북한군에 대한 자신감을 확고히 할 수 있게 되었다.

나. 제2연평해전

(1) 개요

2002년 6월 29일 연평도 서남방 15NM(28km), 북방한계선 남방 3NM(5.6km) 해상에서 북한 경비정의 선제사격에 대해 우리 해군 경비함정이 대응사격을 실시한 해전이다. 6월 29일 9시 54분, 북한 경비정 2척이 연평도 서방에서 북방한계선을 침범하였고, 이에 우리 고속정 편대가 퇴거조치를 실시하였다. 10시 25분,

북한 경비정이 기습선제사격을 자행하였고, 우리 경비함정들은 피격 상황에서도 즉각적인 대응사격을 실시하여 적 경비정을 대파하고 북방한계선 이북으로 격퇴시켰다.

- 참가전력 : 우리 해군-초계함 2척, 고속정 6척 / 북한 해군-경비정 2척

(2) 작전 경과

- 6월 29일 9시 54분~10시 1분, 북한 등산곶과 육도의 경비정 2척이 북방한계선을 침범하였다. 우리 2개 고속정 편대가 차단기동을 실시하기 위해 접근하자 육도 경비정은 북상하였다.
- 10시 23분, 등산곶 경비정은 계속 남하하여 북방한계선을 3NM(5.6km) 침범하였고, 우리 고속정 편대가 0.5NM(0.9km) 전방에서 차단기동을 실시하였다.
- 10시 25분, 적 경비정이 고속정 편대 후미의 참수리-357정이 예인 도중 기관실이 침수되어 침몰되었다.

(3) 작전 결과

- 북한 해군은 경비정 1척이 대파되었고, 30여 명의 사상자가 발생하였다.
- 우리 해군은 고속정 1척이 예인 중 침몰되었고, 6명이 전사하고, 18명이 부상을 당했다.

(4) 교훈

- 우리 해군은 북한군의 악의적이고 기습적인 선제공격에도 불구하고 불굴의 전투의지와 투혼을 발휘하여 북한의 도발을 응징함으로써 북방한계선을 무력화하려는 북한군의 의도를 차단하였다.
- 적 경비정의 북방한계선 침범 시 대응절차를 간결하게 개선하고, 근접 대응기동 시 적의 기습사격에 대비하여 함정의 화력 보강과 승조원 생존성 보장 등 대응방책을 강구해야 함을 인식하게 되었다.

다. 대청해전

(1) 개요

2009년 11월 10일 대청도 동방 6NM(11km), 북방한계선 서방 1.2NM(2.2km) 해상에서 북한 경비정을 퇴거하는 과정에서 북한 경비정의 조준사격에 대해 우리 고속정이 대응사격을 실시한 해전이다. 11월 10일 11시 27분, 북한 경비정이 북방한계선을 침범하자 우리 해군은 대응절차에 따라 3차례 경고통신과 3발의 경고사격을 실시하였다. 북한 경비정이 50여 발의 조준사격을 실시하자, 우리 경비함정들도 자위권 차원에서 즉각 대응사격을 실시하였다.

- 참가전력 : 우리 해군-호위함 1척, 초계함 2척, 고속정 4척 / 북한 해군-경비정 1척

(2) 작전 경과

- 11월 10일 09시 45분, 북한 어선으로 추정되는 미식별 선박 1척이 북방한계선 방향으로 이동 중인 것을 포착하고, 우리 해군의 1개 고속정 편대가 긴급 출항하였다.
- 10시 33분, 북한 월래도 경비정이 미식별 선박 방향으로 기동함에 따라 출동한 고속정 편대는 백령도 동방으로 기동하여 적 경비정에 대응하고, 1개 고속정 편대가 추가로 출동하였다.
- 11시 22분, 북한 경비정은 미식별 선박 복귀 후에도 북방한계선 근해 방향으로 계속 기동하였다. 우리 해군은 호위함 1척과 초계함 2척의 지원태세 유지하에 고속정 편대가 북한 경비정에게 북방한계선 침범 전 경고통신을 2회 실시하였다.
- 11시 27분, 북한 경비정이 북방한계선을 침범하였다. 제2함대사에서 "경고사격을 하겠다." 는 경고통신을 실시했으나 북한 경비정은 이를 무시하고 대청도 방향으로 계속 기동하였다.
- 11시 37~46분, 참수리-336정이 제2함대사의 지시에 따라 40mm 함포를 이용하여 3발의 경고사격을 실시하였다. 북한 경비정이 인근에서 대응기동 중이던 참수리-326정에게 약 50발의 조준사격을 실시하자, 우리 고속정 편대에

서도 자위권 차원에서 즉각 대응사격을 실시하였고, 우리 호위함과 초계함도 지원사격을 실시하였다.

- 11시 40분, 북한 경비정은 선체에 많은 손상을 입고 북방한계선 이북으로 퇴각하였다.

(3) 작전 결과

- 북한 해군은 경비정 1척이 손상되고, 다수의 사상자가 발생한 것으로 추정된 다.
- 우리 해군은 인명 피해 없이 참수리-325정의 선체에 탄흔 23개 등 경미한 손상을 입었다.

(4) 교훈

- 우리 해군은 북방한계선 침범 대응절차 단순화와 함정 전력 보강 등 제1·2 연평해전의 교훈을 통한 철저한 대비로 북방한계선 무실화와 긴장 조성을 기도한 북한의 의도적인 도발을 차단하였다.
- 적보다 절대 우위의 유·무형 전력을 확보하기 위한 평소의 지휘 관심과 교육훈련이 전승의 요체임을 확인하였다.

2. 천안함 피격 사건

가. 사건 개요

2010년 3월 26일(금) 21시 22분경 백령도 인근 해상에서 정상적인 임무수행 중이던 해군 2함대 소속 천안함(초계함)이 북한의 어뢰 공격에 의해 침몰되었으며, 승조원 총 104명 중 46명이 전사하고 58명은 생존하였다.

나. 상황 전개

(1) 사건 발생 전

천안함의 함교에 당직사관 등 7명, 전투상황실 7명, 통신실 2명, 함수포 상비

탄약고 3명, 기관조종실 7명, 유도조종실 1명, 디젤기관실 2명 등 총 29명이 당직근무 중이었고, 기타 인원은 식당, 침실 등에서 휴식 및 취침하고 있었다. 함장은 21시 05분 경 함내 순찰을 마치고 함장실로 들어와 컴퓨터 e-메일 · 게시판과 KNTDS 화면을 확인 중이었다. 천안함의 당시 상황은 21시 22분 경 근무상황에 비추어 볼 때 정상적으로 임무수행 중에 있었다.

(2) 사건 발생 후

천안함의 생존자 58명은 후미의 충격과 함께 '꽝! 꽈~아앙'(1~2초간) 소리를 들었고 정전과 동시에 일부 격실에 해수가 유입되면서 갑자기 우현으로 90°기울어졌다고 진술하였다. 함장은 사건 발생 시의 충격으로 함장실에 갇혀 있다가 통신장 등 4~5명의 승조원이 내려준 소화호스를 허리에 묶고 외부 좌현갑판으로 탈출하였으며, 이때 천안함의 생존자 중 20여 명이 갑판에 모여 있었다.

- 21시 22분 천안함 침몰(발생시각)
- 21시 28분 2함대사, 천안함 침몰 상황 접수
- 21시 30분 2함대사, 대청도 고속정편대(5척) 긴급출항 지시
- 21시 31분 2함대사, 속초함에 사건현장으로 전속력 항해 지시
- 21시 32분 2함대사, 인천해경(해경 501함, 1002함), 관공선 긴급지원 요청
- 21시 34분 2함대사, 긴급조치반 소집
- 21시 40분 2함대사, 위기조치반 소집, 전 작전요소 전투배치
- 21시 47분 2함대사, 덕적도 LYNX 헬기 백령도 전개 지시
- 21시 56분 고속정편대(3척) 현장 도착 및 인명구조 시작
- 21시 57분 2함대사, 대잠경계태세 발령
- 21시 59분 2함대사, 공군 탐색 및 구조전력 지원 요청
- 22시 07분 2함대사, 인천해경에 501함, 1002함 RIB 지원 요청
- 22시 10분 고속정편대(2척) 현장 추가 도착 및 인명구조 시작
- 22시 28분 고속정편대(참수리 322호) 1명 구조 (천안함 작전관 대위)
- 22시 41분 해경 501함, RIB 2척 현장 도착 및 인명구조 시작
- 22시 50분 관공선(214, 227) 인명구조 시작
- 23시 13분 생존자 58명 이함 및 구조 완료
- 23시 13분 ~ 3. 27. 04시 35분 천안함 침몰 해역 야간 수색, 환자 후송

함장이 함미 쪽을 확인한 결과, 연돌 이후 부분이 보이지 않았고, 약한 기름 냄새를 맡았으며, 승조인이 모여 있는 함수 부분은 우현으로 90° 기울어져 있는 것을 보고 필요한 조치를 하였다. 함장은 먼저 부장에게 함정 내부에 갇힌 승조원 구출을 지시하고 작전관에게 인원을 파악하고 구조함 접근 시 함정에서 내릴 수 있는 곳을 확인하도록 지시하였다. 또한 중위 등 6명에게 부상을 당해 움직일 수 없는 하사(요추골절), 하사(대퇴부골절), 상사(대퇴좌상), 상사(어깨 손상), 상사(늑골골절)를 부축하거나 등에 업어 구조하도록 조치하였다. 함장은 함수에 있는 생존자를 구조한 후 인원을 점검한 결과 총 58명이었으며, 고속정이 올 때까지 대기할 것을 지시하였다.

함장은 22시 32분~22시 42분경 2함대사 22전대장과 전화통화를 하였고 주요 내용은 다음과 같다 : "뭐에 맞은 것 같습니다." "뭔거 같애?" "어뢰 같은데요, 함미가 아예 안 보입니다." "함미? 함미 어디부터?" "연돌이 안보여요, 고속정이나 RIB 빨리 조치해 주십시오." "생존자는?" "58명이고 다수가 피를 흘리며, 못 일어서는 중상자가 2명입니다."

다. 조사활동

(1) 민 · 군 합동조사단 운용

3월 31일 국방부는 최초 민 · 군 합동조사단을 82명(현역 59명, 관 17명, 민 6명)으로 편성하였으며, 4월 12일 73명(한국 49명, 외국 24명)으로 재편성하여 조사 활동을 실시하였다. 민 · 군 합동조사단은 6월 30일까지 총 92일간 운용되었고, 이 기간 동안 4차례(4. 7, 4. 16, 4. 25, 5. 20)에 걸쳐 조사 활동에 대한 언론발표를 하였으며, 6월 9일부터 17일(9일간)까지 유엔 안보리에 참석하여 조사결과를 설명하였다.

민 · 군 합동조사단은 과학적이고 객관적인 정밀조사를 통해 침몰원인을 명확히 규명하는 데 목표를 두었다. 편성 및 운영 중점은 첫째, 조사 과정의 투명성 및 신뢰성 제고를 위해 민 · 군 공동으로 조사단을 편성하고 둘째, 미국 등 각국의 전문가 참여로 국제적인 공신력을 확보하며 셋째, 선체 인양 전과 후로 구분하여 단계적인 조사를 실시하고 넷째, 과학적이고 체계적인 조사 활동을 실시하는데 두었다.

(2) 조사결과 발표(5월 20일)

5월 20일 국방부 대회의실에서 내·외신 기자를 대상으로 민(民) 단장(윤덕용 교수)이 합동조사 결과를 발표하였다. 침몰 해역에서 수거된 어뢰 추진동력장치 분석, 선체 변형형태, 관련자 진술내용, 부상자 상태 및 시체 검안 결과, 지진파와 공중음파 분석 결과, 수중폭발 시뮬레이션 결과, 백령도 근해 조류 및 폭약 성분 분석 결과 등에 대한 국내·외 전문가들의 의견을 종합한 결과 천안함은 어뢰에 의한 수중폭발로 인해 발생한 충격파 및 버블효과에 의해 절단되어 침몰되었고, 폭발위치는 가스터빈실 중앙으로부터 좌현 3m, 수심 6~9m 정도 이격되었으며, 무기체계는 고성능 폭약 250kg 규모의 북한에서 제조하여 사용 중인 어뢰로 확인되었다.

라. 결론

2010년 3월 26일 21시 22분경 백령도 인근 해상에서 임무수행 중이던 천안함이 북한의 어뢰공격에 의해 침몰되었다. 침몰 직후 군은 인명구조를 위해 해상·해안·수중 탐색활동을 4월 3일까지 실시하였으며, 4월 4일부로 인명구조작전에서 선체인양작전으로 전환하였다. 절단된 함수 및 함미 선체 인양과 이송은 4월 25일에 완료하였으며, 인양 간 40구의 시신을 수습하였다. 인양 후에는 탐색작전을 위주로 전환하여 잔해물 발견 확률이 높은 구역 위주로 정밀탐색을 실시하였으며, 5월 10일부터 특수그물망을 이용하여 해저에 대한 정밀탐색을 실시하던 중 5월 15일에 어뢰 추진동력장치인 추진모터와 프로펠러 등을 수거하였다.

침몰 요인은 비폭발, 내부폭발, 외부폭발로 구분하여 모든 가능성을 상정하여 분석하였으며, 선체 인양 후 정밀조사 결과, 비폭발과 내부폭발의 가능성은 배제되었고 외부폭발 중 수중폭발로 판단하였다. 수중폭발 중 비접촉 어뢰의 가능성을 가장 높게 판단하였으며 또한 계류기뢰의 가능성은 희박하지만 배제하지 않았다.

3. 연평도 포격 도발

가. 개요

2010년 11월 23일 14시 34분경 북한군이 연평도에 170여 발의 포사격을 자행하자 우리 해병대 연평부대가 K-9 자주포로 대응사격을 실시했다. 무방비상태의 민간인 거주 지역에도 무차별 포격을 가한 북한의 불법적이고 비인도적 만행으로 민간인 2명이 사망하고 군인 2명이 전사하였으며, 다수 인원이 중경상을 입었다.

나. 작전 경과

- 11월 23일 10시 15분~14시 30분, 해병대 연평부대는 NLL 이남의 우리 해상 사격구역에 정례적인 해상 사격훈련을 하였다.
- 14시 34~46분, 북한군은 개머리에 배치된 방사포와 무도에 배치된 해안포로 우리 연평부대와 민가에 무차별적인 포사격을 하였다. 북한의 방사포와 해안 150여 발 중 60여 발은 군부대와 민가를 공격했으며, 90여 발은 해상에 낙탄되었다.
- 4시 47분~15시 15분, 우리 연평부대는 K-9 자주포로 북한의 무도 해안포부대에 50발의 대응사격을 하였다. 대응사격 전에는 2차례에 걸쳐 경고통신을 하였다.
- 15시 12~29분, 북한군은 방사포와 해안포 20여 발로 연평부대 지휘소와 레이더 기지 일대에 2차 공격을 하였다.
- 15시 25~41분, 북한의 2차 공격에 따라 우리 연평부대는 K-9 자주포로 북한의 개머리 해안포 진지에 30발의 대응사격을 하였다.

다. 작전 결과

- 북한군은 우리 군의 집중사격으로 상당한 피해를 받았을 것으로 추정된다.
- 우리는 군인 2명이 전사하고 16명 중경상을 입었으며, 민간인 2명이 사망하고 다수의 부상자가 발생하였다. 또한 건물 133동(전파 33, 반파 9, 일부파

손 91)과 전기 및 통신시설이 파손되었으며, 10군데에서 산불이 발생하는 등 많은 피해를 입었다.

라. 교훈

- 6·25 전쟁 이후 우리 영토에 대한 최초의 직접적인 공격으로, 향후에도 도발 강도가 높아질 가능성이 있으며 이에 대한 철저한 대비가 필요함을 인식하는 계기가 되었다.
- 북한은 목적 달성을 위해서는 UN헌장, 정전협정 등 국제법도 정면으로 위반할 뿐만 아니라 민간인 거주 지역까지 무차별 포격을 가하는 집단임을 새삼 드러냈다.

저 자 소 개

남기봉

약 력

- 육군사관학교 졸업
- 경남대학교 행정대학원 북한학 석사
- 육군 보병 대령 예편
- 한국 인성교육협회 인성교육 지도사
- 한국 군사학회 연구위원
- 학군제휴 협약대학 운영위원
- 현 안양과학대학 군사학과 교수

저서 및 논문

- 「북한의 군사정책에 관한 연구 논문」(1997)
- 「부사관 임관준비」(2007)
- 「인명구조학」(2008)
- 「알기 쉬운 무기체계」(2008)
- 「북한학」(2009)
- 「국가안보론」(2010)
- 「국가안보학」(2011)
- 「리더십 역량 함양을 위한 교수학습방법 연구」(2009)
- 「군사학과 전공심화 과정 개설 및 운영 연구」(2010)